高校信息素养教育与资源建设研究

陈佳祺 刘源源 李世元 著

延边大学出版社

图书在版编目（CIP）数据

高校信息素养教育与资源建设研究 / 陈佳祺，刘源源，李世元著. -- 延吉 ： 延边大学出版社，2022.7
ISBN 978-7-230-03571-2

Ⅰ．①高… Ⅱ．①陈… ②刘… ③李… Ⅲ．①高等学校－信息素养－信息教育－研究 Ⅳ．①G254.97

中国版本图书馆 CIP 数据核字（2022）第 141284 号

高校信息素养教育与资源建设研究

著　　者：陈佳祺　刘源源　李世元
责任编辑：刘晓敏
封面设计：品集图文
出版发行：延边大学出版社
社　　址：吉林省延吉市公园路 977 号　　　　邮　　编：133002
网　　址：http://www.ydcbs.com
E-mail：ydcbs@ydcbs.com
电　　话：0433-2732435　　　　　　　传　　真：0433-2732434
发行电话：0433-2733056　　　　　　　传　　真：0433-2732442
印　　刷：北京宝莲鸿图科技有限公司
开　　本：787 mm×1092 mm　1/16
印　　张：9.5　　　　　　　　　　　　字　　数：200 千字
版　　次：2022 年 7 月　第 1 版
印　　次：2023 年 10 月　第 1 次印刷
ISBN 978-7-230-03571-2

定　　价：68.00 元

前　　言

随着信息技术的日新月异，数字生活的家喻户晓，如何更好地培养具备信息知识、懂得实际应用、能够发展创新的新型人才，以适应并推动信息时代的高速发展，已成为当今高等教育亟待解决的课题。

新时代的信息教育必须树立宏观意识，从体系构建、人才培养、资源建设等多方面着手，齐头并进，才能有所突破，事半功倍。结合当前国情和国际大环境，积极探索以实现教育模式的创新与转型；不断强化教师自身的信息素养，并结合实际应用领域，丰富教学内容，优化课程结构，加强与各专业之间的纵深融合，培养学生的信息敏感与创新意识；加大高校图书馆相关资源的建设力度，为学生创造更多了解和使用各种先进信息技术与数字产品的机会，拓宽学生视野，培养学生兴趣；充分借助大数据优势，推动高校档案建设，建立起完善的、智慧化的档案体系，为学生提供更多亲身实践的机会，培养其应用能力与责任担当。凡此种种，都是当前信息教育领域所应该重点思考的问题。高校要在资源建设方面做出一番成绩，就必须将教学活动作为高校资源建设的中心，明确教学活动在资源建设中的重要地位，强化资源建设的服务功能，开发更多服务于教学的资源，强化资源建设服务教学活动和科研的多种功能。

目　录

第一章 高校信息素养教育的理论研究

第一节 高校学生信息素养教育发展

本节首先介绍信息素养的概念，进而论述目前国内高校信息素养教育的发展现状及存在的问题，并结合问题提出优化信息素养教育课程结构、拓宽课程内容及开展嵌入式教学以加强与专业学科的融合等发展建议，以期为各高校的信息素养教育提供借鉴。

信息素养的概念是由信息产业协会主席保罗•柯斯基于 1974 年在美国首次提出的。1992 年，美国图书馆协会将信息素养定义为："信息素养是人们能够判断何时需要信息，并且能够对信息进行检索、评价和有效利用的综合能力。"

信息素养教育可以更新受教育者所学知识，提高受教育者创新能力，使受教育者适应快速发展的信息社会环境。

2002 年教育部印发的《普通高等学校图书馆规程（修订）》对高校图书馆的定位是"学校的文献信息中心，是为教学和科学研究服务的学术性机构，是学校信息化和社会信息化的重要基地"，并把"开展信息素质教育，培养读者的信息意识和获取、利用文献信息的能力"作为高校图书馆的主要任务之一，要求其通过开设文献信息检索与利用课程以及其他手段进行信息素养教育。在当前社会，加强大学生信息素养教育成为高校培养适应现代社会需要的创新型人才的一项重要任务，高校图书馆因此成为高校信息素养教育的主要阵地，肩负着培养大学生信息意识、信息能力、信息伦理及终身学习能力的重任。

一、国内高校信息素养教育的发展现状

与国外高校信息素养教育相比，国内的信息素养教育起步相对较晚，是从传统文献检索课程发展而来。1984 年，教育部印发了《关于在高等学校开设〈文献检索与利用〉课的意见》的通知，文献检索课从此成为高校图书馆开设的唯一课程，信息素养教育由此开始。之后，随着一系列政策法规的颁布，各高校开始依托图书馆开设专业文献检索课程，并逐渐推广。根据 2014 年教育部高等学校图书馆情报工作指导委员会信息素养教育工作组对国内高等学校信息素养教育现状的调研情况可知，当前高校信息素养教育有以下几个主要特征。

（一）开设信息检索相关课程已成为高校信息素养教育的最主要形式

目前，国内高校已普遍开设信息检索或类似课程，同时辅助以专题培训讲座和新生入馆教育对学生进行信息素养教育；也有部分高校还通过开展类似"读书会"活动，专家大讲堂、沙龙等讲座报告类活动，或举办检索知识竞赛活动开展信息素养教育。

（二）信息检索课程以基本检索技能的培训为主

当前，各高校的信息检索课程使用的教材多为高校图书馆人员自编或他编教材，课程内容以信息素养基本技能为主，通常包括信息检索基本知识、图书馆网站的利用、OPAC 使用方法、数据库使用方法、工具书介绍、网络资源及检索工具和文献管理软件等几个部分。此外，也有部分教材增加了知识产权的相关知识和论文写作与投稿等实用知识的介绍。

（三）信息素养教育的手段逐渐呈现多元化趋势

传统的课堂集中式面授教学逐步淡出，在线素质教育平台作为一种自主学习模式，已经受到越来越多的高校的重视。这些平台可实现在线练习、阅卷评分、课程效果评价及互动交流等功能。此外，诸如翻转课堂、微课、慕课（大规模在线开放课程）之类的创新信息素养教育实践也不断涌现，为信息素养教育的发展增添了无限生机。

二、高校信息素养教育发展过程中存在的主要问题

经过 40 余年的发展，高校信息素养教育取得了显著成效，对提升大学生自身素养起到了关键作用，信息素养教育的重要性也被越来越多的人所了解。但同时，我们也应看到，与国外高校信息素养教育相比，国内高校信息素养教育仍存在较多问题，致使国内高校信息素养教育的进一步发展面临较大困难。国内高校信息素养教育存在的问题主要表现在以下几方面。

（一）信息素养教育课程结构单一

信息素养课程是实现信息素养教育目的的重要途径，是组织信息素养教育教学活动最主要的依据，是集中体现和反映教育思想与教育观念的载体。目前，国内高校的信息素养教育课程在课程结构上仍存在诸多问题：以信息检索课程为主的课程类型单一化，文理不分，科技类与文史类不分；不同学习段共用一套教材（如本科和研究生大多共用一套教材），教学层次不分；课程结构性质上基本以公共选修课程为主，指定选修较少，缺乏必修课程的设置；目前的课程结构未能体现信息素养课程体系整体性、综合性和导向性的特点，无法形成分段教学和因材施教，很难激发学生的学习积极性，影响学生学习效果和应用能力的提升。

（二）信息素养教育课程内容狭窄

信息素养包括信息知识素养、信息意识素养、信息能力素养和信息道德素养。这四方面是一个相互依存、相互联系的统一体。其中，信息知识素养是基础，信息意识素养是核心，信息能力素养和信息道德素养分别是准则与保证。目前，许多高校的信息检索课程内容还比较简单，仅涵盖信息检索基础知识、网络资源与检索工具、数据库使用与工具书介绍等基本内容，缺少系统化的信息意识、信息需求、信息能力和信息道德等综合信息素质的课程内容。此外，由于国内缺乏统一规范的信息素养课程教材体系，部分

高校的检索课程甚至沦为数据库厂商的产品讲座，更像是应付教学要求，这种简单陈旧的课程内容，与培养大学生信息素养综合能力的课程目标存在较大差距。

（三）信息素养教育与专业课程缺乏融合

信息素养教育是高校各专业课程体系的前提和基础，其最终目标是服务于学生的专业学习，培养学生利用信息化工具进行自主学习的能力。但是，由于高校教学体制的限制及对信息素养教育的理解存在偏差，高校信息素质教育往往陷于图书馆孤军奋战的尴尬境地，得不到院系相关部门的理解和支持，导致高校信息素养教育与专业教育基本上处于分离的状态，高校图书馆信息素养教育教授的内容与学生的学科内容未实现直接对接，学生无法直观地感受到所学内容与其专业课程的联系，影响了学习效果。同时，专业学科教学过程中对信息素养教育重视程度较低，将信息素养教育简单理解为提高学习效率的辅助手段，信息素养的理念和内容无法渗入专业课程中，无法达到提升学生专业课程学习能力的根本目的。

三、高校信息素养教育发展建议

（一）优化信息素养教育课程结构

信息素质教育是一项系统化工程，而信息素养具有整体性、综合性和层次性的特点。因此，在构建信息素养教育课程体系时，要充分体现信息素养的特点。首先，应对信息素养教育进行统筹规划，针对学生特点，分层开展信息素养教育，实施专科、本科和研究生的分段教学，对不同的学生因材施教；其次，课程结构可分为信息技术基础、信息素养概念、专业信息素养和信息素养综合训练等不同层次，实现阶段式教育（入门、提高、创新）目标；最后，调整和改善目前高校信息素养教学中以选修课为主的现状，逐步向指定选修课程或必修课程发展，从而更好地发挥其提高学生整体信息素养的重要作用。

（二）拓宽信息素养教育课程内容

信息素养教育课程的内容设计应为大学生信息素养综合能力的培养提供支撑，这就需要优化和调整文献检索课程内容设计，改变过去以检索工具、数据库使用方法等为主的文献检索课程，拓宽和丰富信息素养培育方面的内容，真正落实信息素养综合能力的培养。目前，国内还缺乏规范化的信息素养课程体系和标准，但也有不少高校开始进行信息素养课程的实践探索和经验积累。例如，深圳大学 2008 年开始在原文献检索课程基础上，设计和推出科技信息素养教程、社科信息素养教程、医学文献检索等全新课程，增加和涵盖了信息素养的获取、信息资源的利用与分析、信息素养的实践与调研、信息素养的伦理规范和信息素养的创新与情感等新内容。从学生的课堂反馈来看，其效果较好，也受到了国内同行的关注和肯定。因此，各高校可借鉴此经验，结合实际需要，不断拓宽信息素养教育课程内容。

（三）推广嵌入式信息素养教育模式

嵌入式的信息素养教育模式是指将信息素养教育与学生专业学习环境结合起来的一种新型模式，也称为信息素养课内教育，即由图书馆馆员和院系专业课教师合作，将信息素养课程内容嵌入院系专业课程教学中，提供有针对性的信息素养教育。根据图书馆馆员与院系教师合作的广度和深度，这种教育模式又可分部分式参与和全程式参与两种。其中，部分式参与是指图书馆馆员根据院系专业课程的教学内容，将信息素养教育的内容适时嵌入专业课程教学中；全程式参与则是与院系教师开展深入合作，共同设计专业课程内容。

高校图书馆可以利用开展学科服务等方式，取得院系专业课教师的理解和认同，寻求与课程结合的机会，将信息素养教育课程合理、有效地嵌入到专业教学中，创建试点和积累经验并推而广之。国内部分高校图书馆已开始尝试与院系合作，开展嵌入式信息素养教育，如上海交通大学图书馆 2008 年开始与媒体和设计学院合作，在"传媒市场调查与分析"和"英文报刊导读"两门课程中植入信息素养课程的内容，学科馆员们根据教学大纲、作业和学生需求适时安排信息素养教学，讲授课程所需的信息资源分布、信息获取技能等内容，取得了较好的教学效果。

信息素养教育与专业课程教学相融合，不仅能较好地提升高校图书馆信息素养教育效果，而且能增强图书馆的信息服务能力，是一种双赢模式。当然，推广这种模式取决于各方面的合作，可能会遇到诸多问题和阻力，还需要我们进一步思考和探索。

信息素养教育是培养大学生具备终身学习能力、竞争能力和创新能力的重要手段，在培养高层次创新型人才方面发挥着重要作用。因此，高校图书馆应通过优化信息素养课程结构，拓宽课程内容，构建规范化的信息素养课程体系，培养学生的基本信息素养技能，并通过探索与专业课程的有效整合，依托专业课程提升学生的专业信息素养能力和创新意识。

第二节 高校学生信息素养教育的跨学科反思

从高校信息素养教育与专业教育脱节，信息素养未能有效渗入到具体课程中的现实状况出发，并对信息素养教育理论研究现状进行梳理，发现导致信息素养教育实践很难全面铺展和深入的根源在于：现行研究多为图书馆或者计算机学者基于自身学科背景，或在工作的基础上进行的思考和实践，具有一定的片面性和局限性；掌握丰富教育基础理论和在教育决策中处于主导地位的教育界对信息素养的理解有所偏颇。因此，有必要对信息素养理论进行再审视，从育人的角度和受教者知识建构的角度重新还原信息素养教育，即从观念上进一步明确信息素养内涵、统一认识基础，发挥教育界的力量，有效推进信息素养教育实践。

信息素养作为现代社会公民所必须具备的基本素质，越来越受到关注和重视。虽然信息素养教育作为大众化教育，其重要性也得到了充分认识，但仍然无法进入高校的人才培养方案及专业培养目标中，也无法深入到具体课程中。实践的缺失、不统一，与理论研究的缺失和不统一关系密切。因此，有必要对信息素养教育理论研究文献进行梳理，在前人研究的基础上，站在培养人的高度，对高校信息素养教育进行跨学科反思，从而找到落实信息素养教育目标的突破口。

一、信息素养教育研究文献分析

利用中国知识资源总库,输入条件为"关键词=信息素养教育"可查到4580条文献。从发表的时间可以看出,自2000年开始,学者对信息素养教育的研究呈上升趋势,尤其自2010年以来,平均每年发表文献450篇左右。从文献学科分布的角度,对2010-2017年发表在核心期刊的文献进行分析,可以发现研究领域大多数集中在图书馆、教育、媒体以及计算机方面,只有少量分布在其他学科。其中,图书馆领域的文献占总体研究的85.77%,是信息素养教育研究的"主要阵地"。主要学科的文献量之和大于总文献量,这说明信息素养是兼跨人文和科学范畴的综合性个人素养,其中,有一部分文献属于交叉文献,分属两个学科来进行标注的。

二、信息素养教育不同学科领域研究现状及问题分析

(一)图书馆界关于信息素养教育的研究

在图书馆界,信息素养教育通常被认为是读者服务中的重要工作,受读者服务思想的影响,相关讨论也多集中在馆员服务创新或文献检索课教学内容的重组、教学表达、教学平台设计、教学方法、教学模式改革等方面。概括起来有以下几个特点:

1.以文献检索课为代表的信息素养教育包含在读者教育中

王友富认为信息素养是图书馆学优势向其他学科渗透的突破口,他呼吁图书馆人联合起来推动信息素养教育成为必修课,并在教学内容、教材、教学培训班和教学研讨会等方面做出努力。同济大学图书馆实施"双伙伴"计划,对信息素养教育的内容进行规划,并以学分课程、专题培训讲座、嵌入式教学、在线教育、立体阅读等多种方式进行了实践。高协等从馆内培训、新生入馆教育、特色专题讲座、多种嵌入式课程等方面阐

述了上海交通大学图书馆在信息素养教育中的具体实践。田芳对一些高校图书馆在文献信息检索课、新生入馆教育、数据库培训、嵌入式教学等多种信息素养教育方式进行了概括。

信息素养教育与读者教育的一致性使信息素养教育形式十分宽泛，除了文献检索课外，新生入馆教育、馆内培训、数据库培训等都被列入了信息素养教育范畴。因此，相关研究基本上是围绕馆藏资源利用而展开，在论述时通常是面面俱到。然而缺乏指导实践的深入性探讨，故较少能看到有影响的实践性成果。

2.基于新技术、新媒介的信息素养教育教学改革

近几年，随着检索平台的完善以及微信平台、慕课等基于新媒介教学方式的改变，丰富了以文献检索课为载体的信息素养教育教学改革研究。董岳珂认为可以把目前图书馆引进的检索平台——发现系统引入信息素养教育中，从知识发现中培养学生信息素养。张梅等认为利用 Blackboard 平台的网络协作学习教学模式可以更好地实现信息检索课的教学。叶小娇等认为利用微课教学平台，可以提高信息素养教育的普及率、能够考虑到学生的个性化需求、增加师生交流互动、共享教学资源等。沙玉萍等认为高校图书馆可以构建微视频案例库来深化信息素养教育。赵飞等对高校信息素养教育与慕课相结合的几种可行模式进行了对比分析。教学展现方式的改变，也促进了教学内容重组的研究，出现了适应不同层次或学科人群需求的内容模块。黄如花等认为，应考虑学习者的不同教育层次、不同行业，设计相应的内容模块；并借助于慕课，分别设计面向公众、高校及研究人员、商业应用的模块。潘燕桃等认为，应根据学科专业，将信息素养教育分为人文社科、自然科学、理工、医学四个模块。

随着信息技术的不断发展，无论是传播方式还是传播工具都已经并将继续发生天翻地覆的变化，信息素养教育理论研究与实践也在不断调整以跟上新技术的发展。创新性虽然不可否定，但是，仍然没有改变信息素养教育的根源性问题，信息素养教育基本上也只是停留在"换汤不换药"的技术展现层面，因此有必要对信息素养的内涵追本溯源。

3.信息素养教育研究的深入，即嵌入式信息素养教育包括三个层次

（1）将游戏嵌入到信息素养教育中。苏云从游戏化的内容、表现形式、实现模式

三个方面讨论了高校信息素养教育游戏化的实施中应该注意的事项。明娟探讨了以游戏为主体的信息素养教育模式。张垒对游戏嵌入信息素养教育机制进行了研究。

（2）将信息素养教育嵌入到课程中的研究。张必兰对信息素养教育嵌入专业课的实现途径、课程设计、教学研究、激励机制等进行了详细的分析研究，提出建立教学研究团队以及开展教改研究的重要性。

（3）将信息素养教育融入课程体系的探讨。曹娜认为信息素养教育应纳入课程体系的建设，发挥教师的主动性，渗透到每门课、每个教学环节中，使学生在获取知识的同时提高检索技能；张瑞红认为身处新媒体环境中的大学生必须学会"如何利用新的媒介工具拓展学习范围和提高学习效率"，指出应该从构建课程体系、加强资源建设、在学科教学中渗透、提高教师的信息素养水平等方面开展信息素养教育。

嵌入式教学模式与学科馆员相伴出现，是信息素养教育理论发展过程中的一个重大突破，但无论是将案例嵌入到文献检索课程还是将信息素养教育嵌入到其他课程中，都很难在实践中普及推广。究其原因，一方面是高校虽然开设有文献检索课，但却并没有普及到各个专业，在案例或者游戏的选择上，只能兼顾到个别专业；另一方面，将信息素养嵌入到其他课程，牵涉其他任课教师，如果没有政策制度的推动，单靠图书馆在教育决策中的弱势地位，很难推动嵌入式合作。因此，必须想办法调动教师的积极性，在提高教师信息素养的基础上，发挥教师将信息素养教育纳入所讲课程中的主动性，这才是解决信息素养教育普及性和深入性的重要途径。

（二）教育界关于信息素养教育的研究

从研究中可以看出，在高等教育、教育理论与教育管理、职业教育中也有不少关于信息素养教育的研究，这些研究大多发表在图书情报领域的刊物上，只有少数发表在教育类杂志上，其研究者也多为教育管理岗位的图书馆专业人员。周云等从馆员与专业教师合作的层面，讨论如何培养学生的信息素养；曹娜针对信息素养与专业融合思想难以落实的现状，认为首先应该实现指导思想、研究思路的转变，并在此基础上提出了实施策略。图书馆馆员翟莹昕等与专业教师刘晓峰博士从嵌入的角度，论述了信息素养与学科教育之间的密切关系，并指出嵌入式教育模式实施的成功与否主要取决于学科教师；

在图书馆工作的信息技术专业人员云霞等提出利用云计算技术，建立面向师生的信息素养教育"云服务"平台；计算机技术专业教师孙西朝从信息技术方面探讨并提出了教师信息素养的基本标准及其培养方案。

无论是从事读者教育且具有计算机专业背景的馆员，还是各学科任课教师，他们在从事服务或专业教学的同时也在进行着教育教学的研究。相对于专业教师在各自专业方面的先天优势，教育学基础理论比较欠缺，并且在教育决策中处于从属地位，很难将信息素养教育在全校内普及，更谈不上与专业教育进行融合。而真正教育学专业出身的教学管理者，无论是中小学教育阶段还是高等教育阶段，对信息素养教育的研究均比较匮乏，这直接导致了教师进行信息素养教育教学改革要求的缺失，也是信息素养教育难以深入落实和有效推进的重要根源。

三、站在培养人的高度重新审视信息素养教育理论

（一）重新审视信息素养教育理论的缘由

通过对信息素养教育理论研究现状进行分析，可以发现两个问题：一是高校教育界对信息素养教育到底是什么仍然模糊不清。教育专业研究者的缺失，使信息素养教育难以普及和深入到大学人才培养方案中。二是无论是哪个研究群体，在具体施教过程中，都是基于对自身学科理论基础的理解而开展信息素养教育的。由学习者（学生）独立完成知识的整合、构建，这种教与学割裂的状态很难在短期内提高学生对知识或技能的应用能力。因此，首先要在如何推动并提高教育界对信息素养教育的正确认识上下功夫，由教育界通过调动任课教师积极性，进而推动信息素养融入课程教学并进行教学方式方法的改革与创新，推动信息素养教育融入专业课程体系建设及专业教育的具体实践。其次，在理论研究和具体教育实施过程中，要站在培养人的高度，从学生知识建构的角度去思考信息素养教育实践，打破当前基于馆藏资源和教师自身学科背景进行的狭隘和局限的信息素养教育现状。

（二）重新审视信息素养教育理论

1.国内外对信息素养教育理论的定义

国外关于信息素养的定义，学术界认为最早是由美国信息产业协会主席保罗·柯斯基于 1974 年提出，继而将信息素养作为人的一种基本素质，展开全国性的理论大探讨，并组织专门机构投以巨资加以推动和实施。1998 年，美国图书馆协会和教育传播协会共同制定了《中学生九大信息素养标准》，对信息素养的具体内容进行了概括。2000 年 1 月，美国图书馆协会仲冬会议通过了《美国高等教育信息素养能力标准》，该标准先后得到美国高等教育协会和独立学院理事会认可。在制定信息素养标准时，无论是中学阶段还是大学阶段都有教育界的参与，并在教育界实施。可以说，美国是站在培养现代人的高度来定义信息素养能力的。

国内关于信息素养教育的研究，大多数人认为是以 1984 年教育部下发的《关于在高等学校开设"文献检索与利用"课的意见》为起点。1999 年，王吉庆教授首次将"信息素养"概念引入国内学者的视野。2002 年 1 月，由教育部高等学校图书情报工作委员会委托黑龙江省高校图工委、黑龙江大学图书馆和黑龙江大学信息管理学院承办的全国高校信息素质教育学术研讨会召开，与会者主要集中在图书馆界或者信息管理学院。此次会议是在之前四次关于文献检索课的学术会议基础上，更名为信息素质教育学术研讨会，标志着"文献检索课"向"信息素质教育"的转型。综上可以看出，国内对信息素养的界定主要从文献检索课转变而来，会议的举办者、参与者以及研究者主要集中在图书馆界，因此，研究多围绕对文献信息的利用而开展的用户教育或培训。2015 年全国高校信息素养教育研讨会上，报告人和参会者除了图书馆馆员外，还有专业课教师和研究机构的研究员。专业课教师和研究人员的参与，为信息素养教育的普及和深入实施提供了强大的人才资源。

2.信息素养能力的内涵和定义

公认的关于信息素养定义的论述有 1974 年保罗·柯斯基的"利用大量的信息工具及主要信息资源使问题得到解答"；1976 年李·伯奇纳尔的"掌握一套新技术，找到并使用信息，有效地解决问题和作出决定"；以及 1989 年美国图书馆协会在信息素养研究报告中提出的"能够充分认识到何时需要信息，并有能力去获取、评价和有效利用所需要的信息"。从定义中可以看出，无论是利用信息工具、信息资源，还是利用新技术，有效利用所需信息，其目的都是为了能够解决问题或做出决定，强调的都是构建者的主动性、能动性以及一种信息能力。2015 年 2 月发布的《高等教育信息素养框架》对信息素养的阐述也明确了信息素养的"能力说"，即"信息素养是一套综合能力，包括思考、发现、理解信息如何产生、如何实现价值，并用信息创造新知识，还包括参与信息活动的道德"。国内关于信息素养的界定和内涵说法不一，概括起来包括信息意识、知识、能力、道德。较之国外的"信息能力说"有点笼统，实践指导比较模糊。

3.从有关标准和框架解读信息素养的专业依附性

美国《高等教育信息素养能力标准》的颁布，从其参与的制定者可以看出"信息素养能力标准"虽然是美国图书馆界自己制定并使用的标准，但是它已得到教育界认同且广泛应用于美国教育界。从标准 1（能够确定所需信息的性质和范围）与标准 2（能够有效和高效地获取所需信息）可以看出信息能力与信息需求的密切关系，提醒教师在授课时要从学生的认知水平出发，无论是问题还是任务，都要与学生正在进行的学业或专业相关或相近。这种需求相关性是学生获取信息的动力，有利于提升学生信息获取的有效性和高效性。从标准 3（能评价信息及其来源并将选取的信息整合入其知识基础和价值体系中）可以看出信息与自身原有知识体系之间的建构关系，因此，信息不是孤立于原有知识和价值体系之外的，高校学生的知识体系通常表现为专业知识。信息的评价、选取都离不开学生的专业知识体系，当信息内化为个人知识的时候，信息成了知识建构过程中的"新知识"。从标准 4（能够有效地利用信息达到特定的目的）可以看出信息的实用性，而信息和特定目的因个体不同而略有差异，因此，表现出基于自身基础的信息能力。而标准 5（能自觉遵守道德规范和有关的法律）则表明，当个体具备信息能力的时候，也就具备了正确使用信息的能力。

2015 年 2 月，美国大学与研究图书馆协会发布了《高等教育信息素养框架》的三个相关附件。其中附件 1 对框架的实施，提出了几个具体建议：①鼓励高校图书馆馆员与学院的教师、大学课程委员会、教学设计人员等合作，共同设计整体的信息素养教育项目。②鼓励教师了解什么样的信息和研究任务有助于发展学生的专业技能，使学生成为学术信息内容的创造者与项目的合作者。③鼓励管理员推动教师、图书管理员、教学设计者和其他人之间的合作，以促进信息素养教育在学生专业学习中发挥作用。其中，第一条建议强调了信息素养教育在于全体教职员工的合作，共同参与设计信息素养教育项目，就等于将信息素养教育放在育人的高度去设计，这是对顶层设计的呼唤；第二条建议强调信息素养教育过程中教师关于信息和研究任务的选择应结合学生的专业，等于认同了信息的专业性和学生在信息过程中的参与性与主动性；第三条建议强调了教育界即管理者在信息素养教育专业化进程中的强势推动作用，进一步强调了信息素养的专业依附性。

信息素养并非孤立存在的一门课程、一种技能，而是与其他学科的内容和研究过程紧密联系在一起的。而目前各高校在实施过程中只是将信息素养教育等同于一门课程，以必修课或选修课或专题讲座的形式出现，很难惠及每个专业，更谈不上被列入到高校的人才培养方案中，使得信息素养教育与专业教育仍然处于两张皮的状态，很难将信息素养教育融入专业教育中。

要想走出目前的僵局，首先，要在理论层面上统一对信息素养教育的认识。通过明确信息素养的定义、确定信息素养教育的标准和框架，重新审视这些不同时期的指导性文件，加强图书馆与教育界之间的交流与合作，改变目前信息素养教育图书馆化的现状，改变教育界对信息素养教育认识的唯教育信息化论的片面性。依靠教育界深厚的教育基础理论功底对信息素养教育进行重新审视。其次，依靠教育界的力量，将信息素养教育放在培养现代人的高度，凭借教育界在教育制度、教育决策中的主导地位，促进各任课教师围绕"如何培养"这个中心，将信息素养融入具体课程中，提高教师信息素养教育教学改革的积极性，推动信息素养教育与专业教育的融合。最后，教育的实施者在具体施教过程中，要遵从学生认知规律，在具体问题或任务的设计时，注重与学生学习研究过程的密切相关性，将信息素养渗透到学生日常的学习和研究中进行培养，潜移默化地提升学生的信息素养能力，达到推动信息素养教育发展的目的。

第三节 高校学生信息素养教育体系实践

本节探索构建高校信息素养教育体系的模式与方法，以人才培养和教学改革实践为基本素材，借鉴国内外高校信息素养一体化经验，结合高校特色形成以培养大学生信息素质为中心的层级式课程体系，实现了规范化、系统化、科学化和常规化，形成较有特色的信息素养培养体系。

信息素养不但包括信息获取、检索、表达、交流等技能，还包括独立学习的态度和方法，信息素养不仅是终身学习的基础和关键要素，也是评价人才综合素质的一项重要指标。图书馆围绕学校办学发展方向、教学、科研、临床、管理及师生信息素养提升的需要，构建信息素养教育体系，从而培养读者信息意识、提高信息能力、强化信息检索技能和计算机应用技术、对现代信息环境的理解能力、应变能力以及运用信息的自觉性、预见性和独立性。

一、构建信息素养教育体系

（一）学生层面

大学生信息素养教育体系构建是以本校人才培养和教学改革实践为基本素材，经过多年的教学探索，在借鉴国内外高校信息素养一体化经验的基础上，结合本校特色形成了以培养大学生信息素质为中心的层级式课程体系。信息素养教育体系涵盖必修课、选修课，覆盖范围包括本院的本科、研究生、留学生、专科、中专等各层次学生。

信息素养教育体系的构建，坚持以"厚基础、重实践、强能力"为改革目标，进行教学改革、教师队伍建设，确保信息素养教育紧跟信息化社会的发展，积极引导学生强化实践能力。

1.构建信息素养教育体系

改革课程教学内容、体系结构、教学方法和考核方法，积极引导学生强化实践能力。形成了具有特色的教学体系：①构建理论教学与实践教学一体化的教学模式，在理论教学课堂上，尽可能通过较多的实践实例进行讲解并实时进行演示；同时通过网络在线教学，及时、直观地进行实践演示，不仅能够有效提高学生的学习兴趣，更能够加深学生对理论知识的理解。②强化实践性。课后练习以实践操作为主，新增检索实践题，要求学生必须通过一定的检索手段才能得到正确答案，且课后练习与期末总评成绩相关，无形中强化了实践的重要性，减少了死记硬背的现象，可提升学生的实践能力。③改革考试方式及考核内容。采用网络在线考试系统进行考核，建立大量的题库，采用随机抽题的考核方式，有效地真实地反映出学生学习成果。④依据教材建设规划，明确教材建设的指导思想、建设目标和任务、编写教材质量要求、教材建设实施措施，编写出一批优秀的信息素养教材。⑤构建校级精品资源共享课程平台，提供有教学大纲、随堂授课录像、教案、课件、参考书籍、课后习题等资源，能够较好地满足学生自学及复习需求。

2.信息素养教师队伍建设

在构建大学生信息素养培养体系的过程中，必须注重教师队伍的建设。通过试讲、评讲、评教、听课、集体备课、开展读者培训、信息服务、外出参会、进修、参加校内外教学比赛等多种活动，提升教师的自我素质，进而提升教学质量。其次，重视"以科研促进教学、教学带动科研"的理念，坚持教学科研互相促进的教学方法，在教学过程中形成大批的教学科研成果及教学论文，并将科研成果运用于教学之中。

（二）教师层面

信息技术和电脑网络已经给教育带来了深刻的影响，在教育信息化、现代化进程中应培养教师信息素养，使教师具有较高的信息理论和实践操作能力。基于推介文献资源、提升信息素养、助力教学科研，图书馆持续开展对教师的信息素养教育，提高读者利用各类文献的技能：①主动联系学校各教学系部，提供讲座菜单（教你玩转图书馆——图书馆资源介绍、CBM/CNKI/维普/万方数据库的使用、外文文献传递服务介绍、读秀知识库及超星电子图书数据库、个性化定制服务、Note Express 文献管理软件、医药科技查新常识介绍、PowerPoint2007 制作技巧、移动图书馆等），送讲座上门，进行上门服务；②配合图书馆每年一度的读书文化活动节，定期开展读者培训讲座。一方面，信息素养教育培训讲座呈现逐年多样化，深度化、广度化的趋势，从图书馆资源、图书馆服务内容培训过渡到信息技能培训和个性化培训；另一方面培训呈现多类型、多层次、特色专题等多维拓展培训，从撒网式所有师生培训到有针对性的培训。

通过举办读者信息素养培训活动、推广读书文化节开展的系列文献服务活动，对信息素养教育进行宣传，激发教师对信息素养教育的兴趣，提升其信息技能，对其教学科研起到促进作用，增进对图书馆的认识，进而促进教师充分利用图书馆的馆藏资源和网络数据库，提升用户的信息素养。

二、信息素养教育的不足

虽然信息素养教育取得了一定的成绩，但无论是课件制作方面，还是授课技巧方面，仍存在一定的改进空间。学生认为信息素养教育涉及的教学内容实用性强，但理论部分却相对较为抽象、枯燥，希望老师对知识点的讲解能够更加详细和通俗易懂；另外在教学的过程中，部分教师与学生的交流不够深入，不能实时了解学生接受知识的状态，不能及时调整教学速度和手段。其次，由于学校客观条件限制，教学设备相对匮乏，实验室一次性容纳的人数有限，实习用到的计算机数量较少，不能进行同步教学，难以满足学生边听讲授边实际操作的需求，不能很好地激发学习的主动性与参与性。

另一方面，从问卷调查及读者满意度来看，图书馆的丰富信息资源并未得到充分应用，部分教师对图书馆购买的资源不甚了解。虽然图书馆持续举办用户信息素养教育培训，教师整体对图书馆的培训也有较强的需求，但从实际培训情况看，培训效果不明显，参与培训的教师人数相对较少，可能是由于培训的设置与教师的时间安排存在冲突，或培训主体与实际需求存在差异。另外，图书馆信息素养教育目前以输入式培训为主，信息素养培训理念、方法有待进一步改进，需要强化培训练习的实践性，个性化服务还需进一步深化。

三、改进措施

深化信息素养课程教学改革。继续重视信息素养教育课程的开设，深化课程体系建设，积极学习、实施教学改革，优化学生学习过程，以启发、讨论、互动式授课，实现互动式传授；以课堂积极互动、平时作业和期末考试等多种方式进行综合评价课程考核。以教促学，优化过程，激发学生的自主性、探究性和建构性特质，提高教学质量和效果。开展多种形式的教学反馈评估，通过邀请专家随堂听课、评课获取教学反馈，要求同行教师相互听课、评课获取教学反馈，通过教学反馈情况分享教学中的经验，分析教学中的不足，努力逐步提高教学效果。

创新信息素养教育培训内容和方式。以读者为中心，树立适应图书馆发展的现代化服务理念，加强读者调研，探索现代化服务模式，不断提高服务质量，形成基础服务与个性化服务相结合，现场服务与虚拟网络服务并进，适应不同层次的读者信息需求变化的文献信息服务体系：①通过举办读者培训活动、推广读书文化节活动、网络宣传、知识竞赛等多种活动，对信息素养教育进行宣传，极大激发师生对信息素养教育的兴趣，并使得全校师生能积极主动地参与其中；②图书馆应针对不同的读者，创新培训内容，多类型、多层次、全方位进行信息素养教育，包括馆内滚动培训、新生入馆教育、特色专题讲座、信息专员计划、上门培训等多维拓展，形成图书馆培训文化，使图书馆资源发挥应有的作用，提高馆藏资源利用率，提高全院师生的信息素养能力；③在培训方式、方法上不仅是满堂输入式培训，也需要留适当时间用于师生答疑及师生操作，需要强化培训练习的实践性，技能式培训练习以实践操作为主；④针对参与人数不多的问题，图书馆在培训前通过多渠道方式加强宣传力度，如通过图书馆主页或学校主页发布通知，通过横幅、海报等方式在学校多个地点进行宣传；⑤根据院系的不同需求，有针对性地对教师分别进行上门培训，每次培训完后，进行反馈意见收集，获取师生建议与意见，为后期培训提供指导。

开发新的信息素养教育阵地。图书馆要有意识地开展各种形式的网上交流，在网上构筑起新型的图书馆和大学生互动的关系，提供一个平等、科学的交互平台。信息素养教育教师要积极引导学生利用搜索引擎查找资料，要鼓励学生利用图书馆，引导学生利用网络资源丰富自己的知识，拓展自己的视野，不能只局限于书本和课堂。要重视信息道德和相关法律常识的普及，多开展相关知识讲座以增强学生的信息法律意识，自觉抵制不良信息的侵蚀。信息素养能力的培养重点在于实践能力的培养，在技能培训上，尽可能通过较多的实践实例进行讲解并实时进行演示。同时通过网络在线方式，及时、直观地进行实践演示，不仅可以有效地提高师生的学习兴趣，更可加深师生对理论知识的理解，强化培训练习的实践性。

提高信息素养教师的教学能力。在提高全院师生的信息素养过程中，信息素养教师自身的信息素养能力也有待提高。需要提高教学培训能力，通过试讲、评讲、评教、听课、集体备课、开展读者培训、信息服务、外出参会、进修等多种活动，促使教师自觉参加课堂教学改革。积极鼓励并引导教师参与校内外各种教学活动及比赛，"以赛促学，以赛促教"，通过竞赛，提升自我素质，增强课堂教学技能，在课堂教学中全面适应课程改革，有效实施信息素质教育，提高教学效益和教育质量。

信息素养教育体系构建是在教学建设和改革实践中逐步总结形成的，经过多年的教学实践和改进，信息素养教育体系的构建取得了显著的成效，实现了规范化、系统化、科学化和常规化，形成了较有特色的信息素养教育体系。但信息教育改革在不断深化，教学内容需要广度和深度，教学手段更是不断地与时代同步，信息素养教育体系，依旧有改进的空间，仍需要进一步努力。

第四节 高校学生信息素养教育课程体系

本节从学术研究和实践研究两个方面分析了目前信息素养教育课程设计的现状，提出了课程目标不明确、课程内容不完善、学习活动较单一、课程评价没标准四方面问题，指出了信息素养教育课程设计的保障要求，对显性和隐性课程方案及相关评价体系进行了设计。

随着信息技术和网络技术的迅速发展，高校信息素养教育面临诸多挑战。最新的美国《高等教育信息素养框架》提出以后，人们对信息素养的概念和重要性认识更加深刻统一，认为信息素养是一系列综合能力的集合，包含反思信息的发现过程，理解信息的产生和价值，并利用信息创造新的知识，还包括参与活动的伦理道德。在此基础上，如何设置信息素养教育课程，普及信息素养教育，提高教学效果，成为当下的关注点。

一、课程设计现状

（一）学术研究

我国信息素养教育研究源于信息检索课，以教育部 1984 年的文件《关于在高等学校开设〈文献检索与利用〉课的意见》为主要标志。以中国知网为数据源，以篇名为"检索途径"，分别以"信息素养教育和课程"为并列关系检索词，检索到与信息素养教育课程相关文献 91 篇，从中总结出大部分学者将信息素养教育的目标设定为培养学生的信息观念、信息意识、信息道德及获取信息、辨别信息、分析信息及利用信息的创新能力；课程体系构建原则为逻辑性、嵌入式、持续性；模式为互动合作、在线教学；用启发式、参与式、双向式、问题式等教学方法，增加讨论、自学、社会调查、论文写作和专业设计的能力训练环节；教学内容和结构涉及基础类平台教育、信息理论的基础知识、信息产生、传递的原理、信息源的查找和检索，信息检索技术的运用、检索策略的制定、信息评价方法。

（二）实践情况

信息素养教育在我国各高校的开展，以开设信息检索、计算机检索、网络信息利用等课程为标志。最近的全国高等院校图书馆信息素养教育现状调查结果显示，545 所大专以上院校中，设有信息素养教育课程的占有 43.12%，其中列为国家级精品课的仅为 5

所，占 0.92%；必修课 94 所，占 17.25%；选修课 283 所，占 51.93%。多数高校集中在大二开设信息素养教育课程，占 45.5%；大部分高校信息素养教育课开设不区分文理科，占调查院校的 70.73%。各高校基本采用课堂讲授占主导、上机操作为辅助的教学方式。在教材选择上有 31.56%的高校没有明确，37.25%无指定教材。可见，信息素养教育课程设计在学校的发展并不均衡，有的学校以信息检索课为主，构建了整体的课程体系，成为国家精品课。但大部分院校并不把信息素养教育课程列入教学计划，选课情况不容乐观。目前国内信息素养教育大部分仅限于图书馆的用户教育，包括专题培训、新生教育、嵌入式教学和信息检索课等，没有形成完整的信息素养教育课程体系。

二、课程设计的不足

（一）课程目标不明确

从教与学的角度，大部分师生认为只要学会如何查找资料就达到了信息素养教育的目标。很多高校的信息素养课程都是由资源宣传培训、信息检索课等组成，由图书馆来承担，并且以选修课形式存在。受课程性质的限制，教学目标仅限于掌握信息检索基础知识及获取信息的方法，而忽略了学生信息意识、信息道德，分析信息、管理信息、评价信息和信息交流能力等综合信息素养能力的培养。沈阳师范大学信息素养教育课，由图书馆以文献信息检索课的形式来实施，为本科生设置的通识选修课，教学中直接切入的就是中文图书、期刊检索，接下来介绍的也是工具的使用，至于什么是信息、如何来辨别信息及个人信息环境的构建和创新及社会信息环境的融入与辨别就没有时间去介绍。

（二）课程内容不完善

高校信息素养教育课程内容大都依托于学校现有的资源，其中图书馆资源的检索与利用尤为重要。由于学校资源购置有限，不足以培养学生的检索技能、信息分析能力以及多角度了解信息环境。一些高校受课时限制，没能把信息道德教育纳入课堂教学内容。

目前缺乏权威适用的统编教材，其教学内容不完善，教材体系还处于整合阶段，这使得信息素养教学内容无法保证全面性和一致性。在读秀学术搜索中查找相关书目有 50% 以上是 2000 年以前出版的，其中涉及计算机和网络检索的内容与篇幅较少，大部分重理论轻实践，缺少信息道德和信息意识的内容，内容不够新颖和实用。很多高校教材选取随意性较大，忽略学生的专业和层次差异，不成体系，直接影响着课程的发展。

（三）学习活动较单一

信息素养教育是一门实践性很强的课程，按照教育部下发的文件要求，理论与实践课程的比例为 1：1 或 2：1。大部分高校都是选修课，采用填鸭式的教学方法，实践课程少之甚少；实践设计不贴近实际，不能激发学生学习兴趣；考试也采用了笔试或者写一篇论文的方式作为考核结果，让一门实践课变成了靠背诵理论就过关的课程，导致学生的动手能力差、检索技能薄弱。缺乏与专业课程的结合，不能针对学生需求教学，课堂内容单一匮乏；缺少教学合作，高校的信息素养教育主要以图书馆为主导，图书馆与院系间，图书馆与学校职能部门，图书馆与企事业单位等鲜有合作；教学手段落后，信息素养教育网络课堂的设计缺乏系统性，不能体现基于任务驱动、基于问题解决的课程体系模型，在多媒体和微课堂的建设上仍显得薄弱。

（四）课程评价没标准

我国信息素养教育比其他学科教育开设较晚，课程体系还不成熟。信息素养课程评价标准体系模糊，没有明确的执行标准，很难从评价里看出信息素养课程的效果。没有将信息素养能力的评价运用到学生的综合成绩中，学生学习后无法判断自己是否达到学习目标。宏观上，没有出台统一的信息素养评价标准，现有的教育评价都是基于教育主管部门的行政命令来实施的，没有宏观衡量杠杆。信息素养课程评价标准无权威性，课程结束后没有明确的考核标准和考核内容，导致高校信息素养教育效果不明显。微观上，我国目前还没有一所大学能够制定符合自己学科建设发展、人才培养目标的信息素养评价标准，目前的研究大多借鉴的是国外的信息素养评价标准，并不太适合我国的实际，故而在实践过程中很难发挥指导作用。

（五）课程设计偏离学科

信息素养是学生综合能力的体现，信息素养教育应该融合贯穿在学生学习各种能力的过程中。层次教育模式虽然按照学生不同阶段的需求设计课程，努力想把信息素养教育融入学生的学习生活，但其效果仍待考证。由于课时数的限定以及学生所学专业的多元化，教师在课程设计中不能满足多学科专业学生的需求，比如在案例的设计、数据库的选择、检索技术的深入等方面只能选择具有大众特点的知识介绍，偏离学科建设的需求，造成学生学到的知识和技能无法更好地融入专业学习过程。因而无法调动学生的积极性和学习兴趣，达不到预期的学习效果。

三、课程设计保障

（一）提供合理的政策保障

学校应为师生的信息素养教育提供政策性保障，制定关于本科生的信息素养教育规划，开设信息素养教育公共课程；建立大学生信息素养训练基地。例如沈阳师范大学图书馆在学校职能部门的支持下，连续三年开办科研与信息素养精英训练营，从多种角度提升学生的信息素养。在信息素养课程设计过程中，需要教务部门的大力支持，让图书馆馆员和专业教师紧密配合，共同制定教案，促进信息素养教育的专业化、标准化、常规化。

（二）改变传统教育观念

在信息技术飞速发展的时代，人们生活环境和学习环境发生巨大的变化，传统的教学模式已不再能满足学生学习知识的需要。信息素养教育应该适应技术的进步和时代的发展。在线信息素养教育已经势在必行，教师需要通过网络实现与学生之间的信息传递，包括课件分享，问题讨论，知识点解析，学习监测等。教师在学生信息素养提升过程中的角色发生了巨大的变化，他们从课程的讲授者逐渐转变成辅导者和学习资料的提供者，模式从使用粉笔板书、投影传统教学逐步过渡成使用移动终端、系统软件随时随地教学。图书馆馆员是信息素养教育的践行者，必须率先转变传统的教学观念，研究行之有效的在线教学方法与教学策略。

四、课程设计方案

（一）显在课程

1.分阶式培养，合理化开课

大学生信息素养教育课程设计，应按照信息素养教育知识体系的构成和内在逻辑，根据不同的专业和年级分三个阶段培养。一年级的学生虽然对计算机和网络已不再陌生，但是对信息的辨别能力还相对薄弱，应针对他们的特点开设相应的基础课程。主要以公共必修课为主进行信息意识培养，提高他们捕捉信息和辨别信息的能力。大二和大三是学习专业课的主要时期，如何获取信息、利用信息更好地为学习和科研服务成为学生必须获得的技能。主要采用通识必修和专业嵌入的模式开设课程，以实践为主、理论为辅，以便学生在学习过程中提高自身的信息获取能力，可以贯穿在这两个年级的任何学期，按照学生的课程多少设计。处于大四阶段的学生，其学习目标是学会如何利用知识，应注重信息道德、信息评价和处理能力的培养。这个阶段的学生时间相对自由，需要开展通识必修课程来约束每个学生必须学习，塑造完美的信息人。

2.按需求选材，针对性授课

第一个阶段的学生，刚刚走进大学校园，他们要学会适应新的学习、生活环境，他们也在为自己的成长不断包装。这个阶段的学生需要关于信息利用的课程，如"信息学导论""网络利用"等。学习上他们要利用资源自主学习，针对这样的需求，大一可开设"图书馆资源与利用""计算机应用基础"等课程；第二阶段的学生是大二、大三年级，专业课学习占用了他们大量的时间，书籍是学习研究的支撑、足不出户的学习资源，学生可凭此零距离接触全球名师来学习专业知识。这一阶段的学生需要关于信息与综合素质的课程，如"信息检索与利用"，主要讲授文献资料检索利用的基本知识；第三阶段的学生要学以致用，"信息政策""信息法规""知识产权""信息管理与决策"等课程，可让学生懂得如何合理合法地利用信息知识。

3.按计划开课，适当性嵌入

信息素养教育是一项全校性的教育工作，不能局限在图书馆等个别部门，要有针对地纳入教学计划，才可以达到普及信息素养教育的目的。嵌入式教学是信息素养教育的一种模式，但是由于没有教学计划，任课教师不敢擅自嵌入，信息素养教育课程无法与专业课程对接。每个学院都开设"专业外语""写作"课程，还有一些专业课需要给学生留写论文的作业，在这些特色课程中，教师可能融入如何查找资料、如何课题分析等内容。信息素养教育找到切入点，就需要学校教学部门在教学计划中适当安排，允许融合。嵌入式信息素养教育可以达到更加理想的专业教育效果，例如沈阳师范大学金融专业要学习"企业资源计划"，艺术类专业要学习"计算机音频编辑"等课程，在这样的需求环境下开展嵌入式教育很容易、也很有必要。

（二）潜在课程

1.图书馆为主导创设隐性教育

图书馆是学生的第二课堂，是信息素养教育的主阵地，除了开设显在课程外，应利用其丰富的资源开设隐性课程。设置专门的信息素养教育活动中心，横向组织中心成员，结合专业特色，根据学校对学生的培养目标设计丰富多彩的学生活动，贴近学生的兴趣和爱好，在活动中潜移默化地影响和教育学生，从而达到信息素养教育的目标。如举行信息检索与专业结合的实践活动，学生根据喜欢的主题和形式参加活动，在获得大学生实践学分的同时，还可以掌握知识，提高技能。如沈阳师范大学举办的"灵感翱翔，创意飞扬"信息技能大赛，激发了学生的学习热情，有助于计算机基础课程和信息检索课程的考核。

2.整合校园环境开发隐性课程

随着网络环境的迅速发展，数字化校园构建是校园建设的发展趋势。信息化教学和管理环境构成的信息化校园是重要的信息素养隐性课程。信息的诸多元素有机融合到学校教学和管理过程中，不但可以提高工作效率，同时营造了具有时代特点的日趋智能化的信息环境。校园网上可提供丰富的教学资源、便利的交流平台，学生可以利用其进行个性化学习及讨论。学生在学习的过程中会大量使用到信息检索、整理加工等。引入社会环境，有组织、有计划地把课堂搬入社会已经成为培养应用型人才的亮点。学生在参与众多社会活动的过程中，可以体验信息情感，应用信息工具，潜移默化地接受信息素养教育。如参加企业或科协举办的各种活动，参观信息产业中影响较大的企业，邀请信息专家来校举行讲座等，都可以拓展学生的视野，有利于学生素质能力的提高。

（三）课程评价体系

合理有效的教学评价体系，是信息素养教育课程体系不可或缺的部分。课程评价体系既要体现课程设计的合理性，也要兼顾专业特点和学校优势。评价体系应该从教师和学生两个层面设计：对教师，实行五级督导制度，即学校、学院、教研室、学生和自我综合打分，从听课、教学秩序检查、作业检查、教案检查、学生监督、自我评定等方面进行考核。对学生，以理论分和实践分为最后得分进行评价。实行分层考评机制，不同年级学生制定不同的考评内容。对于大一学生可以侧重实行笔试；对于大二、大三学生以参与隐性课程的情况作为重点考核形式，重点考核学生独立进行信息收集、分析与综合训练；对于大四学生以实习与报告相结合的方式考核其信息能力的高低。

信息素养教育对高校大学生未来生活、学习和工作有着深远的意义。虽然有很多理论与实践的研究，但是目前高校大学生信息素养教育课程体系设置仍然存在不足。如果仍是图书馆人单方面倡导和努力，没有受到整个高教系统的关注和关心，信息素养教育仍会是寸步难行。只有协同合作才能实现信息素养教育全面普及的目的，才能完善高等教育人才培养课程体系，培养出更多具备创新思维和创新能力的高素质人才。

第二章 高校信息素养教育模式研究

第一节 全媒体时代下信息素养教育模式

　　随着信息网络技术的不断发展，全媒体时代悄然而至，各种媒体正在逐步改变着我们的生活，高校也不可避免地受到了影响。高校信息素养教育也随时代的变化而变化：教育的内容更加专业，教育的方式更加具有互动性，教育的媒介更加信息化。本节探讨了全媒体时代给高校信息素养教育带来的一系列变化，并借鉴国外的一些成功经验，为我国高校信息素养教育模式的创新与发展提供一定的思路。

一、全媒体时代给高校信息素养教育带来的新变化

（一）教学双方的互动性进一步增强

　　传统的信息素养教育在形式上表现得比较陈旧，高校工作人员在教学模式上多选择"灌输式"教学，单方面地将相关知识传授给学生，比较生硬。而对于学生来说，他们不能理解信息素养教育的作用和内涵，在现实中需要运用信息素养时更是丈二和尚——摸不着头脑，体现出传统教学模式的失败。全媒体时代的到来，使师生之间的沟通模式发生了变化，各种媒体渠道使教学双方的互动性进一步增强，教学模式可以根据学生的需求随时进行调整，教学效果得到显著提升。

（二）突出了个性化教学

在全媒体时代，教学媒体不再单一，表现出了多样化，学生的学习需求和个人信息会被充分分析，并被教师分类。对于基础的信息素养知识，可以通过声音、视频、文字、图片等媒体充分表现出来，而对于个性化的信息素养知识，教师可选择相应的教学模式，具有一定的针对性。

（三）教学时空更加广阔

传统的信息素养教育在时间与空间上具有一定的局限性，学生始终处于被动接受的环节。而在全媒体时代下，教学借助各种多媒体技术可以打破时间和空间的限制，可以在任意时间，以任意方式，在任意地点将知识传授给学生，学生能够随时接收信息并不断学习。

（四）体现出一定的时代性

全媒体时代的发展充分体现了信息技术的发展，而信息素养教育体现了一定的时代性。教育媒介不再是单一的纸质资料，而是将图片、视频、音频等多媒体媒介不断引入，体现了一定的时代性。

二、国内外信息素养教育模式

在以往的信息素养教育模式中，教师往往采用文献检索的方式培养学生的信息素养，教学媒体相对落后，比较单一和枯燥，因此对大多数学生而言，信息素养课程不具备吸引力，这不利于学生学习专业知识。近年来，随着信息素养教育全方位、多角度的改革，全新的教学模式不断被引入，特别是全媒体时代下的信息素养教育，将专业课程和传统的文献信息检索课程相结合进行教学，取得了较好的效果。全媒体时代下的信息素养教育的主体实际上是学生，教师能够根据学生的实际需求，将专业课程教学内容和信息检索技能、信息道德、信息意识等相关技能融合起来，进而形成新的教学模式。而这种全新的教学模式对学生也提出了新的要求，如不断提升信息技术，增强一定的科研创新能力和自主学习能力，提高信息素养等。因此，全媒体时代下的信息素养教育模式不再受到时间和空间的限制，可以为学生提供相对比较优越的教学服务，具有一定的教学优势。

一些国外的学者研究发现，信息素养教育不是孤立的，而是与多个学科交织组成的，在学习的过程中，信息素养中的能力培养也是关键部分。美国图书馆协会发布的《高等教育信息素养框架》（以下简称《框架》）中提出，信息素养涉及对信息的反思和回顾、对当前信息的评估和建议，以及对信息开拓和创新的基本能力。《框架》中明确指出，学生在整个求学的发展阶段都应该注重信息素养的培养，并通过信息素养来提高认知水平，促进个人和社会的和谐发展。《框架》有两个板块，即检索研究和科学研究，《框架》强调信息检索和信息科研都具有非线性的特征，并非一成不变，学生在检索与研究过程中不断发现问题，解决问题，使信息素养不断提升。

对于国外高校来说，信息素养教育主要分为四个部分：课外、课内、课中、独立课教学。其中课中、课外和独立课教学都和以往的文献检索课程比较相似，而课内教学就是下面将要阐述的全媒体时代下的信息素养教育，就是将专业课学习和信息素养教育融合起来，专业课学习的各个环节都可以体现出信息素养教育的内容。

三、全媒体时代下的信息素养教育模式探析

（一）在教学的各个环节中体现信息素养教育

在教学的各个环节中体现信息素养教育，意味着信息素养教育应该贯穿于高校生活中，要实现不断巩固、强化和完善。学生存在一定的个体差异性，不同的学生对信息素养的需求不同，因此不同的学生具备的信息素养也相对不同。这种教学模式会根据学生的实际情况对学生采取分段教学，其中主要以学生的需求作为主体需求，进行初级理论的传授，并不断提高学生的信息检索能力和处理相关信息的技能，以提高学生的信息素养作为教学的主要目的。

（二）信息素养教育引入虚拟空间的教学模式

信息网络技术不断发展，人们的生活方式也随之改变，获取信息的渠道和方式也在发生着变化，而对于高校学生而言，采用比较便捷的数据库和互联网是常用的方式，因此教师在信息素养教学模式的选择中，可以选择在线教学的模式，换言之，就是将教学内容引入虚拟空间，这就需要图书馆和专业课教师共同搭建相关专业网站，通过利用网络技术实现学生和教师的一对一教学，进而体现较好的教学服务。而对于比较专业的相关信息检索和信息处理知识，可以指定专人进行深入讲解，同时也方便学生日后的实际运用。全媒体时代下的信息素养教育能够使用现代通信工具，大大便利了师生之间的沟通和交流。在全媒体时代，智能手机可以很好地为师生服务，如手机阅读已经成为高校校园里重要的阅读形式，学生借助手机可以随时随地获取自己所需要的信息。与此同时，学生之间也能够利用通信工具对某一问题展开探讨、发表评论等，进而建立有效的沟通平台。

（三）学科教师协作实现信息素养教学

对于高校而言，现阶段信息素养教育的主导者为高校教师，而教学模式主要为文献检索课程。全媒体时代下的教学模式使信息素养教学效果显著提高，因此在实际教学过程中倡导引入多媒体和互联网技术。全媒体时代下的信息素养教学效果很大程度上取决于学科教师的教学，需要多方配合制定教学内容和形式，在教学课程的设计和评价中起作用，因此需要学校各部门之间通力合作。全媒体时代下的信息素养教学模式也面临着一些难题，需要各个部门之间彼此平衡协调，专业课教师与其他教职工互相积极配合，在传授专业课程的同时，将检索、处理等信息技术融入专业课程中，帮助学生构建知识框架。

（四）将信息素养教育共享化

随着时代的发展，很多高校都借助互联网平台重新整合资源，实现了信息资源的共享。资源共享能够帮助高校节省开支，实现学校资源的合理配置。全媒体时代下，信息的发布方式多种多样，相同的资源可以采取不同策略传递给受众，促进了受众之间的交流和联系，实现了信息的共享。在共享环境下，教师可以通过整合数据资源，了解学生的真实需求，完善教学模式，真正做到人性化设计。此外，在共享信息资源时，应积极学习其他先进手段，全面推进信息资源共享，提高学生的信息素养。

全媒体时代的到来，将信息技术与信息素养教育不断融合，有助于增强师生之间的互动，教学模式变得多样化。对于学生而言，在学习专业知识的同时就能培养信息素养，在掌握信息素养知识的同时能够更好更快地学习专业知识，专业知识与信息素养二者之间是相辅相成的关系。因此，需要充分调动高校师生的积极性，不断挖掘师生潜力，便于实施全新的信息素养教育模式。

第二节 互联网背景下的高校教师信息素养培养模式

随着信息化时代的到来，人们对于互联网的使用越来越广泛，互联网渗透到了人们生活、学习的方方面面，这其中当然也包括了教育领域，互联网与教育的深度融合称为"互联网+教育"。"互联网+教育"作为一种新的教育模式，改变了传统的学校课堂教学：教师不再是课堂教学的主导，教师、课本也不再是知识唯一的载体与权威的来源；"互联网+教育"改变了传统的知识获取途径，学生不再仅仅通过课堂获取知识，他们借助于现代化的终端设备，利用网络，可以轻松地随时随地获取大量信息，而不受时空的限制；"互联网+教育"促使传统的授课模式发生了变化，催生了慕课、微课、翻转课堂这样一些新的课堂形式。全新的教育教学模式在"互联网+教育"的推动下产生了。面对这一重大变化，高校教师除了要具备传统的教师基本素养外，还应掌握相应的现代化的教育教学技术，具有利用现代教育技术进行教育教学的理念，换句话说，高校教师应具备一定的信息素养，只有具备一定的信息素养，才能树立先进的教育教学理念，才能掌握现代化的信息技术，并将这些技术和理念与实际的教育教学相结合，这样才能培养出具有一定信息意识的学生。然而，大量的事实表明，我国高校教师的信息素养并不如人们所预期的那样高，这很难顺应高等教育国际化、信息化的潮流，因此在"互联网+教育"这样一个大的背景下，有效提高高校教师的信息素养已经迫在眉睫。

一、教师信息素养的内涵

（一）教师信息素养的含义

目前，关于教师信息素养的界定并没有定论。事实上，信息素养是一个动态的且具有多层次和多元化特点的概念，会随着时代的变化而有不同的内涵。因此，不同的专家学者从心理学、技术学、文化学等视角阐述了教师信息素养的内涵，虽然无统一标准，但为探索教师信息素养的含义提供了一定的理论依据。结合不同学者的解释，可将教师信息素养界定为：教师信息素养是教师为了适应互联网时代的教育领域所出现的一系列变革，将现代化信息技术与信息理念应用于实际教育教学中的能力的总和。

（二）教师信息素养的内容

从对教师信息素养的界定出发，教师的信息素养可以划分为三个维度：信息意识、信息能力和信息道德。

1.信息意识

信息意识是指个体对于信息的理解能力、接受程度和探索精神，实际上更多的是个体心理层面的表现。因此，高校教师的信息意识体现在其对信息的价值判断力、学习信息知识的积极态度、使用信息时的安全意识上。

2.信息能力

信息能力是指个体通过一定的手段发现、界定、处理以及应用信息的能力。就高校教师而言，其信息能力主要体现在这样几个方面：

第一，教师对于计算机、网络以及多媒体教学技术的掌握。例如，教师必须学会使用常用的软件辅助教学，能够通过搜索引擎在互联网上进行信息查询。

第二，教师能结合自己的专业学科，通过一定的检索方法获取相应的专业文献。

第三，教师将所获取的最新知识通过现代化的教学工具应用到实际的教学中，达到教学效果的最优化。

3.信息道德

信息道德是指个体在获取信息以及使用信息的过程中所形成的，必须遵循的道德行为准则。就高校教师而言，信息道德要求其在获取并使用信息时要有良好的信息责任感，杜绝滥用与泛用的现象；要有良好的信息免疫力，对信息能够客观地分析与评价；信息道德还要求教师有一定的信息自律行为，合理地利用信息，杜绝学术造假和对他人学术成果的剽窃。

信息意识、信息能力以及信息道德共同构成了教师信息素养的主要内容。信息意识是建立教师信息素养的前提；信息能力是教师信息素养的具体表现，是培养教师信息素养的基础，而信息道德则是提高教师信息素养的保障，正确引领教师信息素养的形成方向，三者缺一不可。

二、高校教师信息素养的现状

（一）信息意识薄弱

从相关的调查研究中可以发现，目前高校教师的信息意识比较薄弱，不少教师对信息的敏感度较低，不能有意识地将新的信息融入自己的教育教学之中。高校教师信息意识薄弱的主要原因有两点：一是受传统心理因素的影响，不少教师习惯于用传统的理念进行教学，认为只要掌握了课本中的基础知识就可以了，没有意识到信息资源在教学和科研中的重要作用。在"互联网+教育"的背景下，信息知识的更新速度与数量飞速发展，而这些信息能否有效地被应用在教育教学实践中，更多地取决于教师对客观信息的态度，这种对待信息的态度就是本节所强调的信息意识。只有具备良好的信息意识，教师才能主动更新自己的知识体系，将这些新的知识、观点与自己的教育教学相融合。二是因为大多数高校教师的科研与教学任务较重，他们没有更多的时间借助一些新的理念与信息去开发新的教学模式与教学方法，对相关的教学信息缺乏敏感性，不能迅速发现有利用价值的信息。

（二）信息能力欠缺

制约高校教师信息素养的因素，除了教师的信息意识薄弱外，还有一个不容忽视的因素，那就是教师信息能力的欠缺。究其原因，首先，专业不同导致了高校教师在信息技术的掌握和应用方面存在着明显的差异。一般来讲，文科、理科教师要比艺术类和体育类教师的信息技术水平高一些。由于专业的特点，艺术类和体育类的教师使用信息技术进行教学的情况比较少。其次，部分高校教师缺乏一定的信息检索知识和计算机运用能力，获取不了相应的信息，即使获取了一定的信息，也缺乏将信息进行分析、提取，将有效信息加工为自己教学所需的素材并应用到自己的教学中的能力。最后，硬件设施建设不足。不少高校多媒体教学设备较少，不能为教师提供相应的教学设备，同时，学校校园网的数据库更新不及时，不能为教师获取最新的信息提供保障。

（三）信息道德淡薄

部分高校教师的信息道德淡薄的主要原因有：一是部分高校教师受到了学术界不良之风的影响，急功近利，因此剽窃他人的学术成果。二是科研成果考评制度的影响。高校教师晋升职称时都需要有相应的科研成果作为硬性指标，不少教师出不了成果又不愿放弃职称的晋升，无奈之下盗取他人的研究成果。另外，还有一些教师缺乏相关的法律知识。

三、高校教师信息素养的培养模式

（一）更新观念，培养教师自身的信息意识

高校教师信息意识薄弱，究其原因，很多教师面对教学环境、教学理念、教学手段的变化不敢去尝试，他们习惯了传统的教学方式，缺乏接受新事物的勇气。因此，在提高和培养高校教师信息素养的过程中，首先应该做的就是引导、鼓励教师转变传统的教学观念，尝试接受新的教学理念，只有敢于接受并尝试新的教学理念，才能够培养出适应信息时代的人才。因此，高校教师必须快速培养自身的信息意识，这就要求高校教师必须保持高度的敏锐力，不断学习，具备可持续发展的信息能力，掌握与本专业密切相关的信息。只有这样，才能更好地在互联网时代利用最新的教育教学理念和技术来培养人才。

（二）完善教师素养的评价标准

以往总是从教师的思想品德、知识涵养、教学能力等方面来评价一位教师，但是，随着时代的发展，在信息社会中，仅仅用传统的标准来衡量教师的优劣，已经远远不够了。信息社会中，我们必须将教师的信息素养作为一项评判标准，教师信息素养决定着所培养的人才素养，也只有这样，才能从根本上引起教师的重视，才能从根本上提高教师自身的信息能力。

（三）搭建便利的信息平台，为教师提供有力的保障

高校教师信息素养的提升，除了需要教师自身的努力外，还需要学校的大力投入，而学校对于教师信息素养培养最直接的支持就体现在信息平台建设上。目前，我国高校信息平台建设主要体现在校园网络的投入与使用。而对于教师信息素养提升这一问题，学校在搭建信息平台时，应当注意以下两点：

1.加强信息平台硬件建设，创建有利于教师学习的空间

这要求学校尽可能为教师提供多媒体教学设备，同时加强数字图书馆的建设，这样教师在使用这些设备或查阅文献资料时，才能不断地去尝试与探索，才能不断提高他们的信息素养。

2.加强软件信息资源建设，为教师信息素养的学习提供有力的技术环境

从这个角度来说，学校要保障校园网络畅通无阻，同时要注意更新与丰富学校网络提供给教师的资源，为教师及时更新、获取与专业相关的信息提供保障。

总之，教师的信息素养是互联网时代所赋予教师的一项新的任务和使命，高校教师信息素养的培养与提升需要教师自身的努力，同样也需要学校乃至整个大的教育环境提供必要的帮助和引导。

第三节 慕课与高校"双创型"人才信息素养培养模式

"双创"背景下高校信息素养的培养应以培养学生适应"互联网+"时代的信息能力、增强学生由信息能力向双创能力转化的主观能动性、激发学生主动收集和利用"双创"信息的意识为目标，培养学生的综合信息能力、信息伦理与信息安全意识、"双创"中的信息应用能力。高校应以培养"双创型"人才为总体目标，以提升学生信息素养为切入口，通过慕课教学实现信息素养教育在教学资源方面的优势整合，以及教学方法的灵活多变，使信息素养教育更好地嵌入"双创型"人才培养体系中，进而提升"双创型"人才培养质量。

培养"双创型"人才是我国实施创新驱动发展战略，促进高校毕业生高质量创业、就业的重要举措。优秀的"双创型"人才应当在拥有较高的文化素质和掌握扎实的专业知识基础上，具备较强的理论探索与实践创新能力。随着我国"互联网+"环境下大数

据技术与传统产业的深度融合,通过强化人才信息素养进而提升"双创型"人才培养质量已经成为高校教学关注的重要内容。联合国教科文组织将信息素养定义为一种知识和技能的综合,包括信息意识、信息需求,以及识别、定位、评价、组织利用及交流信息,以解决实际问题的能力。现阶段,我国高校信息素养教育仍然存在与"双创"教育融合度低,教学方式不利于学生发挥"双创"精神,缺乏对"双创型"人才信息素养的系统培养模式等问题。近年来,慕课教学由于摆脱了传统教学在时间、空间等诸多因素上的限制,得到了广大高校师生的认可。随着慕课教学在理论探索与实践应用方面的不断深入,通过慕课整合网络优质教学资源、实现线上线下教学的有机结合等优势不断凸显,已然成为新时代高校创新型人才培养的重要手段。因此,通过慕课为学生提供丰富优质的网络教学资源以及灵活多变的教学方式,在注重专业培养的同时强化学生信息素养教育,构建系统完整的信息素养教育模式,是我国高校提升"双创型"人才培养质量的有效途径。

一、高校"双创型"人才信息素养培养目标

"互联网+"时代下,高校的人才培养应更注重培养学生面对海量信息的判断能力和处理能力,在此基础上结合"双创"背景下的人才需求,设定信息素养培养目标。

(一)培养学生具备适应"互联网+"时代的信息能力

"双创型"人才不仅需要具备一定的信息获取能力、组织能力、分析能力、沟通能力等,还应当具备较强的知识接受能力、科研探索能力以及创新应用能力。"互联网+"时代给大学生创新、创业带来了巨大挑战,学生面对的不只是书本、数据库、教师等信息源,还包括不断发展和更新的网络多媒体信息源。如何在多样的信息源中利用自己的感官和信息技术有意识或无意识地获取、处理和应用信息,并通过各种方式转化和吸收知识,使自己具备成为"双创型"人才的能力,是高校"双创型"人才培养的重要目标。

（二）引导学生形成自觉将信息能力转化为"双创"能力的意识

意识是客观现实在人脑中的能动反映。学生对创新、创业相关信息的敏感程度及捕捉、判断信息的能力直接决定了其能否快速、准确地将所学知识、所掌握的经验与接触到的信息结合起来，并自觉且正确地转化为行动。一方面，良好的转化意识可以使学生不需要通过语言表达和明确的思维分析过程就直接对所接触的信息做出正确的判断并辅助其决策，提高学生的学习和工作效率，激发学生的"双创"意识、增强"双创"意愿；另一方面，良好的转化意识亦能使学生将信息能力和"双创"能力紧密联系在一起，根据自身特点和特长，结合创新、创业目标，有意识、有目的地训练自身的信息能力，进而增强学生的自主学习能力，使学生具备自发创新和自主创业的可持续发展能力。

（三）激发学生主动收集和利用"双创"信息的意识

在"互联网+"时代，高校学生获取和利用的信息绝大多数都来源于互联网，但是，他们的信息意识却还停留在较低的层次上，高校学生运用信息工具和信息资料去解决学习生活中的实际问题的意识还很弱。他们拥有的专业领域和其他相关领域的知识主要还是来源于书本和课堂，缺乏通过新媒体渠道获取信息的积极性和主动性，亦缺乏自觉培养创新、创业的信息素养的意识。因此，激发学生主动收集和利用"双创"信息的意识对于培养"双创型"人才具有重要意义。

二、慕课背景下高校"双创型"人才信息素养培养内容

"双创型"人才的信息素质包括信息识别、分析、规划、获取、评价，以及知识管理和知识创新等综合信息能力。高校"双创型"人才信息素养培养内容可结合"慕课"特点，围绕"双创型"人才的信息素养的内涵进行设置。

（一）综合信息能力的培养

目前高校信息素养普遍注重培养学生学术文献检索方面的技能，忽视了在当前的网

络环境下学生需要在海量数据中寻找和发现他们所需的信息，从而帮助他们学习、提高"双创"能力这一现实问题。在"互联网+"背景下，新媒体方式催生的各类网络媒体、移动端媒体、数字刊物等成为学生获取信息的主要来源，社交网络、自媒体、应用软件已成为获取信息的重要渠道。面对快速发展的信息环境，高校的信息素养培养必须从传统的通过课堂教学培养学生的文献检索技能，转变为利用多种手段和丰富的开放资源培养学生对海量信息的辨认能力与综合应用能力。高校应更进一步拓宽信息素养培养内容，丰富培养方式，如加强学生对信息的判断能力、组织能力和联通能力的培养，通过线上、线下相结合的教学方式以及丰富的实训和模拟课程，使学生熟练掌握通过各种媒体方式获取、利用和共享信息的综合能力，激发学生的创新精神与创业活力。

（二）信息伦理与信息安全意识培养

计算机网络技术在很多方面打破了时空限制，通过各类技术手段和信息获取方式，人们可以获取无限量的信息资源，为"双创"活动的开展提供了丰富的资源和广阔的空间，却也对伦理道德观念和法律环境产生了极大挑战。高校在培养学生利用信息提高"双创"能力的同时，也应承担起强化学生在创新、创业过程中的信息伦理观念和信息安全意识的责任。高校在信息素养课程内容的设置上应增加信息伦理和信息安全相关法律法规，还应立足于学术规范，加强信息道德和信息安全教育，包括学术道德规范、信息发布规范、信息利用规范、信息安全与隐私保护等。并从以下几个方面培养学生的信息伦理与安全意识：

（1）培养学生在获取和利用信息时应自觉遵守道德规范与法律法规的意识，负责任地参与信息实践。

（2）使学生了解信息使用规范和信息伦理的基本内涵，具备识别并抵制不良信息和合理合法使用信息的能力。

（3）提高学生对信息技术的认识，在灵活应用信息技术的同时也要认清信息技术可能产生的危害，督促学生养成健康、安全的信息技术使用习惯。

（三）"双创"中信息应用能力的培养

高校培养学生信息素养的落脚点是提高学生的思辨能力，让学生能够灵活运用所学理论体系和方法处理"双创"中的实际问题。"双创"背景下高校学生信息素养的培养注重强化学生的"双创"信息观念和意识，使学生对创新、创业相关信息具有敏感性，并能将所学运用到"双创"过程中。培养方式要强调与"双创"活动紧密结合，以培养出适应社会需求的"双创"人才。高校可以通过慕课为学生提供多样的学习方式和丰富的学习内容，并为学生提供灵活选择学习内容和方式的机会，进而强调和培养学生的思辨能力和质疑精神，从创新性思维培养出发，促进学生找到适合自己的信息处理方式和风格，使学生具备可持续发展的信息能力。同时，高校要根据不同专业学生的特点和需求设置有针对性和实用性的培养方式和内容，使学生能够全面、准确地掌握最新的本专业工作动态，最新、最实用的"双创"理念和方法，以便他们能够更准确地获取和利用相关信息开展"双创"活动。

三、慕课背景下高校"双创型"人才信息素养培养模式

慕课是指提供自由选择、开放注册的在线开放课程，它将社交网络与可获取的网络资源进行整合。利用慕课不仅能够将传统课堂转变为线上课堂，还可以运用多媒体技术使学生能够通过影像、声音、模拟等方式接受知识。学生可根据自己的学习目标、背景知识、技能和兴趣爱好等自由灵活地选择学习内容，安排学习进度。将慕课与传统的信息素养培养方式结合起来，更有助于学生拓宽视野、发展思维，更能激活学生的"双创"思维和热情。

（一）专业课与信息素养相结合

"互联网+"背景下，任何领域的创新与创业都与该领域的各类信息有紧密联系，因此，专业背景信息会贯穿整个"双创"过程。若专业课程有所要求，信息素养的提高与发展就会有直接的动力。因此，通过慕课将信息素养的培养与专业课程结合起来，更

有助于学生对专业信息产生具体的认识。课程设计上，可在专业课的讲授过程中加入相关领域特定信息的收集、分析、应用以及相关信息技术的内容，并通过慕课让学生根据自身需求选择学习的深度和广度。模拟相关场景进行实践，有助于学生更直观、深入地了解该领域最热、最前沿的资讯，更高效地利用相关信息开展"双创"活动。

（二）"双创"教育与信息素养相结合

"双创"背景下，高校信息素养教学要以"双创"需求为导向，将科技创新、自主创业所必需的思辨能力、研究能力、探索能力等融入课程体系之中。目前，许多高校的信息素养培养方式仍是以教师为主导的传统教学模式，着力于理论知识的讲授，忽略了学生的个性化需求，难以激发学生的发散思维和思辨能力，违背了培养学生自发创新和自主创业的精神，亦没有突出"双创型"人才的特点。借助慕课利用最新的教学方法和手段，不仅能够培养学生在"互联网+"环境下利用互联网技术、大数据技术、人工智能技术等手段，通过多媒体平台、电子商务平台、电子政务平台等渠道开展"双创"活动的能力，还能在教师与学生、学生与学生、企业与学生的互动中激发学生的"双创"意识和潜能。

（三）实践课与信息素养相结合

慕课条件下不仅能够开展校内实践课程，还能实现校企合作教学。采用专业教师与企业导师联合培养的教学模式，运用慕课开展案例教学、模拟实训、情景竞赛等校内实训，以及访问式教学、参与式教学等校企合作实践教学模式，使学生在参与实践教学过程中提高"双创"意识、强化信息能力。一方面，通过在实践教学过程中引入信息素养课程的相关内容，使学生在仿真环境下实现对数据信息的管理能力训练，同时丰富学生的实践探索与"双创"思路；另一方面，在实践教学过程中强化学生的信息意识与信息能力，使学生能够在实践过程中主动发现问题，并通过收集、组织、分析相关信息，对问题的发展进行准确预测，进而增强学生的"双创"意识与能力。

新常态下，各行各业对于具有"双创"精神和能力的人才的需求会越来越多，这就需要高校采取多种手段和形式加强对学生"双创"意识和能力的培养。"互联网+"环境下多种教育模式相互融合、相辅相成，是未来高校信息素养培养的发展方向。针对"双创型"人才的培养目标，构建以慕课为核心的多种培养途径相结合的高校信息素养培养模式，能有效提高学生的自主学习能力、挖掘学生的"双创"潜能、引导学生建立"双创"目标、培养学生的"双创"能力，是高校培养"双创型"人才信息素养的有效途径。

第三章 高校信息素养教育体系构建

第一节 高校图书馆信息素养教育的 O2O 转型

信息素养教育起源于信息产业，是一门与时代发展息息相关的学科，现已成为全球发展的优先项目。高校的信息素养教育以高校图书馆为执行工作的主要机构，在各国均处于领先地位，其发展引领着整个信息素养教育体系。对高校图书馆在互联网时代的信息素养教育创新进行梳理，有助于引领相关机构紧跟时代步伐，推动我国信息素养教育的整体发展。

随着信息技术的迅速发展、智能终端的日趋普及，互联网已深入到人们生活、工作、学习的方方面面。线上线下资源整合，为人们打开了前所未有的便捷通道，O2O 模式应运而生。李克强总理早在第十二届全国人民代表大会第三次会议的政府工作报告中就提出了"制订'互联网+'行动计划"，明确了互联网资源开发对我国发展建设的重要意义。会后《关于积极推进"互联网+"行动的指导意见》的推行，掀起了各个领域引入线上元素的热潮。高校图书馆的学者也注意到了互联网的应用潜力，并已在探索信息素养教育 O2O 创新服务模式的道路上大步迈进。

一、高校图书馆信息素养教育

高校图书馆馆员的信息素养教育又被称为信息素质教育，译自 Information literacy education，由用户教育演变而来。早在 19 世纪，随着馆藏资源的不断丰富，图书馆成为社会上储存知识最密集的机构，图书馆馆员开始通过开设诸如目录学的课程以培养读者（包括潜在读者）利用文献情报的能力，用户教育成为图书馆在文献资源的开发利用方面及发挥教育职能方面而开展的一项重要工作。到了 20 世纪四五十年代，信息技术蓬勃发展，信息的增长速度大大加快，电子计算机等新型信息处理工具开始出现，社会朝着信息化方向发展。利用信息工具、正确处理信息的能力对人们的生活越来越重要，图书馆馆员意识到了传统的用户教育已无法适应社会需求，着手开展用户调查，探索有价值的教学内容。1974 年，美国信息产业协会主席 Paul Zurkowski 结合社会新形势提出了信息素养，这一全新的概念很快为人们所接受，其内涵随着社会的发展不断丰富演变，成为信息时代人们适应社会的必备能力的代名词。从此图书馆用户教育开始向信息素养教育演进，图书馆也由馆藏资源的管理机构转型为信息资源集聚地。

信息素养的内涵较宽泛，不仅有同一时代的不同学者从不同角度提出过多种看法，而且不断发展的时代也在赋予其新的内容。2015 年 2 月，美国颁布了《高等教育信息素养框架》，该框架是目前最新的、对全球信息素养教育影响最大的文件。框架中专门指出它"是基于一个互相关联的核心概念的集合，可供灵活选择实施，而不是一套标准，或者是一些学习成果或既定技能的列举"，表明了该框架仅限于指导作用，而不是对信息素养教育的具体工作进行硬性规定，并在框架中借鉴了元素养的概念来描述信息素养在快速变化的生态系统中的动态内涵。

《高等教育信息素养框架》从权威的构建性与情境性、信息创建的过程性、信息的价值属性、探究式研究、对话式学术研究、战略探索式检索六个维度对信息素养教育的内容进行了整合，并从知识技能和行为方式两方面为学习者提出了具体建议，显示出了信息素养教育的目标是培养学生能够在信息搜索、分析、利用、创造等各个环节积极思考、勇于尝试、敢于质疑、正确交流、承担责任、作出贡献。

正如前文所言，尽管知识载体的形式已发生了巨大变化，图书馆仍承担着作为知识宝库的历史使命，是人们查询信息、获取知识的主要渠道。此外，图书馆也承担着普及知识的社会使命，其教育职能随着时代发展不断更新，由传统的用户教育向信息素养教育成功转型。高校图书馆实施信息素养教育的主要对象为大学生，作为一种特殊的图书馆，还承担着辅助科学研究的任务，对国家科研水平与未来建设的重要性不言而喻。

笔者认为，高校图书馆在信息素养教育中承担的使命内容根据面向对象的不同发生变化。对在校大学生而言，高校图书馆需要帮助他们学会充分利用图书馆的信息资源，并培养其独立使用信息解决问题的能力，因此高校图书馆普遍开展了新生入馆教育与各类专题培训、讲座，并设置了咨询馆员的岗位；对学校与教师而言，高校图书馆应积极与校领导、任课教师沟通交流，在教职工队伍中适时正确地普及信息素养教育的相关理念，同时了解学科需要，及时更新信息素养教育中专业内容的部分；对社会而言，高校图书馆应积极促进校企合作、了解社会需求，积极开拓学生实践平台，为宣传信息素养寻找时机或制造机会，促进全民重视信息素养，从而为普及信息素养教育、提高国民信息素养创造出良好的社会氛围。

二、O2O 模式的引入与应用

Online To Offline（O2O）模式兴起于电子商务领域，Internet 和相关 Web 技术的发展为第三方网站的建立奠定了基础，消费者与商家借助网站平台拉近距离，使得双方信息的沟通与交流更加便利。这种线上结合线下的服务模式在促进交易完成的同时收集了大量消费与评价数据，为研究消费者行为、观察市场动向、提升用户体验提供了依据。

电子商务领域的实践证明了融合线上线下资源是互联网背景下行业发展的必经之路。随着"互联网+教育"理念的深入贯彻，我国高校图书馆与时俱进，在积极学习国外先进成熟经验的同时，结合国内现状思考实践、不断改进，实现了信息素养教育在互联网环境下的成功转型。高校图书馆通过借助移动应用、慕课课堂、在线信息素养教育平台等线上功能与资源的优势，不仅弥补了传统课堂教学存在的课时不足、欠缺交流、学生学习被动等缺点，而且为学生提供了新颖灵活的学习方式，开创了线上线下优势互补、合作开展信息素养教育的新型混合式教学模式，使信息素养教育步入了 O2O 时代。同时，信息素养教育工作者综合使用先进的教学理念与方法，向提高大学生信息素养水平、辅助科研任务顺利进行、普及整个社会的信息素养教育、提升国民竞争力的伟大目标大步迈进。

（一）信息共享空间

个人信息素养的提高离不开信息化的环境熏陶，营造传统物理空间与互联网相融合的前沿学习氛围对学生信息素养的提高有着潜移默化的影响。基于此，现高校图书馆在设施、资源、服务等方面均引入了线上元素，打造出图书馆的信息共享空间，实现了线上线下的对接。基础设施方面，高校图书馆开辟了电子阅览室，专门为学生提供一定数量的可连接网络的电脑，学生在图书馆期间不仅可以查阅书籍报刊，还可以应用电脑获取网络信息进行学习，并基本实现了无线网络的覆盖，方便学生使用私人电脑与移动终端。资源方面，高校图书馆不仅通过线上平台收集学生的书籍需求，及时购进书籍，满足学习需要，还对文本、图片、语音、影像等信息资源进行收集、处理、加工，转化为数字资源并上传网络，方便学生使用；此外还成立了高校联盟，通过馆间资源传递、信息共享实现互补。服务方面，高校图书馆开始为学生提供独立的讨论空间，为学生沟通交流提供便利条件，以培养学生创造信息、与人交换信息的能力。作为学生日常学习交流的主要场所，高校图书馆着眼于学生在馆期间的使用需求，引入网络设施与技术，使学生在图书馆期间能够密切接触到信息技术与知识，充分感受到信息化的魅力，从而于无形中产生积极影响，恰到好处地对学生进行了信息素养教育。

（二）在线教育资源

传统信息素养教学形式仅限于面授，课程知识通过教师讲解、纸质教材、书写笔记传递和记录，引入线上平台后，许多高校图书馆已经将信息素养课程相关的图文资料、多媒体资源收集整理，通过静态与动态网页结合的表现形式公布在网站上，供读者在线浏览与下载。这些资源有的源于本馆的实践积累，有的则来自馆外数据商。调查发现，现在我国39所985高校的图书馆均已在首页读者服务栏目下设置了与信息素养教育有关的链接，有的已明确在链接名称中使用了信息素养的字眼，如信息素养教育，还有的尽管仍使用用户教育、教学培训、帮助指南等名称，内容则与信息素养教育有关，如为读者提供信息素养教育类的讲座培训与活动比赛信息。在电脑与移动终端逐渐普及的今天，高校图书馆通过网站及时公布信息素养教育的相关信息，为读者获取信息提供了极大便利。无论读者是否前往图书馆，都能够掌握图书馆举办的各类讲座信息，再加上读者与身边同学沟通交流的口口相传，大大提高了宣传效率，进而提升了讲座的出席率，促进了信息素养知识的普及，实现了线上线下的完美结合。此外，线上教育资源的内容还包括图书馆的馆藏资源与服务介绍、数据库与网络信息的检索方法与技巧，知识产权保护、学术规范和学术道德，文献整理软件的使用等。线上资源的开发与应用，不仅丰富了学生获取信息素养知识的途径，使得学生学习信息素养的方式更加灵活，增强了学习的趣味性，还为学生提供了实践机会，在应用先进信息工具学习的过程中自然而然地收获了信息知识，提升了信息意识与信息道德，且在解决问题的过程中培养了他们的信息技能，恰好使得信息素养教育的内容实现了理论与实践相结合、紧跟时代前沿的教学目标。

（三）新型教学模式

信息素养课程是信息素养教育的主要途径。传统课堂需要学生到场听课，由老师将知识单方面传递给学生，存在着内容与学生需求不符、学生主动学习意识差、积极性不高及课堂出席率低等问题。高校图书馆借助网络平台，创新使用了翻转课堂的教学方法，实现了线上线下的合作教学，有效解决了传统课堂的缺陷。通过线上学习平台，教师可以将教学内容按照知识点分割并录制成简短的小视频上传，供学生课前自学使用。由于视频短小且知识点明确，学生可以利用碎片时间择己所需，避免了从前集中时间授课、教学内容单一而导致学生学习效率低下。线上平台的引入，不仅为传统教学模式的颠覆提供了可能，还为锻炼学生的自学能力与主动学习意识创造了机会。教师布置课前任务后，学生根据个人情况自由安排时间，通过重复观看、查找资料等方法，完成课程内容的学习，课堂时间教师不必再作为传授者，而是引导学生提出问题，师生或同学间交流讨论，调动了学生思考学习的积极性，加深了对学习内容的理解，实现了知识的内化。此外，学生完成教师所布置的任务的过程，也是通过实践提升信息素养的过程，通过线上线下合作教学，使学生得到了充分的培养与锻炼，大大提升了教学质量。

（四）即时联络交流

关注学生需求、增加交流互动是提高信息素养教育有效性的有力途径。当代大学生是成长于社交网络中的一代，使用社交软件已成为他们日常不可或缺的环节。高校图书馆普遍设立了微信、微博等主流社交软件的官方账号，并于图书馆网站上进行宣传，呼吁学生关注，使得图书馆与学生互动的途径更加丰富多样，更加贴近学生的生活，拉近与学生的距离。通过社交网络，高校图书馆不仅能够即时发布与信息素养相关的活动资讯，还能够收集学生的反馈与评价，也带动了少数尚未使用社交平台的学生学习使用并加入其中，跟上时代信息化发展的步伐。一些高校图书馆还在图书馆网站上提供了工作时段的 QQ 即时咨询功能，或公布馆员的电子邮件、QQ 号码等联系方式，使得学生遇到问题时能即时向馆员申请帮助。以往学生只能通过亲身到图书馆与馆馆员面对面交流的方式解决问题，如今线上途径的开辟，实现了学生既可以在图书馆实地获得帮助，又能于馆外在线上获得馆员支持的 O2O 模式，为学生平时使用图书馆的基本需求与进行科学研究的专业需求都提供了极大便利。通过与学生的密切沟通，图书馆员能够更加清楚大学生的信息素养现状，在开展信息素养教育的过程中有的放矢，提高工作效率。

面对信息技术快速发展、社会环境网络化的新态势，高校图书馆工作者发挥了良好的专业素养，运用其高度的信息敏感意识发觉了信息素养教育在互联网时代转型的必要性，关注社会与学生的需求、挖掘网络技术与工具的应用潜力，于信息素养教育的各方面与环节开辟了线上途径，创新使用了线上与线下对接教学的模式，实现了信息素养教育的 O2O 转型，使得高校信息素养教育能够跟上时代发展的步伐，焕发出新的活力。相信在高校图书馆的引领下，我国的信息素养教育也会尽快完成转型并得到普及。

第二节 泛在知识环境下信息素养教育体系

信息素养教育是高等教育人才培养的重要环节，本节在分析泛在知识环境概念和内涵的基础上，指出信息素养教育改革是泛在知识环境发展的必然要求，力图构建涵盖新生入馆教育、信息素养通识课、数据库讲座、专题培训和嵌入式信息素养教育的多层次、多维度、立体化信息素养教育体系，以期更好地发挥高校图书馆的育人作用。

信息素养是信息时代人们学习、工作、生活的必备素养和重要技能。泛在知识环境下，信息资源无所不在的特点让人们充分享受到其带来的好处，但同时也给人们带来了信息超载、信息不对称和信息焦虑等负面影响。信息素养教育作为高等教育人才培养的重要环节，已经在全球范围内开展了广泛探索和深入研究。1974 年，美国信息产业协会主席保罗·泽考斯基第一次提出"信息素养"的概念，他认为："信息素养是指利用大量的信息工具及主要信息源使问题得到解答的技能"。2003 年，联合国教科文组织（UNESCO）发布《布拉格宣言：走向信息素养社会》（The Prague Declaration），宣言指出，信息素养主要是人们在确定、查找、评估、组织和有效地生产、使用和交流信息等多个方面的能力，强调了信息素养是人们投身信息社会的先决条件。2011 年，英国国立图书馆和大学图书馆协会（SCONUL）发布新的《信息素养七支柱标准》（The Seven Pillars of Information Literacy），为了应对全球化背景下信息素养培养的新问题，该标准建立了信息素养的七大支柱模型，分别为：识别、审视、评估、计划、收集、管理和发布，定义了高等教育阶段学生应具备的信息素养的核心技能、态度和行为。2015 年 2 月，美国大学与研究图书馆协会（ACRL）正式发布了《高等教育信息素养框架》（Framework for Information Literacy for Higher Education，以下简称《框架》），指出"信息素养"是"对信息的反思性发现，对信息如何产生和评价的理解，以及利用信息创造新知识并合理参与学习团体的一系列综合能力"。

2015 年 12 月，我国教育部印发《普通高等学校图书馆规程》，对高校图书馆的教育职能和信息服务职能作出明确规定，高校图书馆是为人才培养和科学研究服务的学术性机构，应重视开展信息素养教育，加强信息素养课程体系建设。2016 年 3 月，教育部高校图工委开始组织起草我国"高校信息素养教育标准和评价体系"，经过 2 年多的 10 余次会议讨论与意见征询，该标准修订稿于 2018 年 6 月呈报给高教司。作为学校的文献信息中心以及教学研究支持中心，高校图书馆是承担新时代背景下大学生信息素养教育任务的关键力量，因此，高校信息素养教育体系的构建及研究对我国信息素养教育改革和高等教育人才培养具有重要意义。

一、泛在知识环境与信息素养教育

（一）泛在知识环境

"泛在知识环境"（Ubiquitous Knowledge Environment）是 2003 年 6 月美国国家科学基金会发布的著名研究报告《知识在信息中迷失》中提出的新概念。该报告认为，可以将数字图书馆普及所创造的信息环境称为"信息以太"（Information Ether），"Ether"一词有以太、太空、气氛、大气等意思，数字图书馆的未来就是要构建一个"泛在知识环境"的图书馆，如同无所不在的以太一样，成为未来生活、学术研究和教育必不可少的信息基础设施。泛在知识环境是由知识资源、网络基础设施、设备终端和信息用户组成的新一代动态信息系统，系统强调以用户为中心，关注用户行为、用户能力和用户需求，能针对不同用户提供定制化和个性化的知识服务。

"泛在知识环境"也被一些学者翻译为"普遍存在的知识环境"，国内图书馆学界对"泛在知识环境"的研究始于 2006 年，陈维军、李亚坤在《图书馆杂志》上发表《泛在知识环境下的图书馆》一文，指出在泛在知识环境下，人们发现、存取、共享和创造知识的方式发生了巨大改变。朱强、别立谦等人认为，泛在知识环境下图书馆在任何时刻、任何地点都是可存取的，这种新型的图书馆信息服务方式，可以嵌入到人们的日常生活中，图书馆为用户提供的这种数字化信息服务是一种智能化的信息系统。因此，图书馆需要摆脱传统物理空间的阵地限制，将服务战线延伸到一切用户所在的地方，在新的知识链中更加注重用户的兴趣和需求，使图书馆服务全方位地融入泛在知识环境。

（二）信息素养教育改革是泛在知识环境发展的必然要求

随着信息技术以及信息生态环境的迅猛发展，泛在知识环境下的信息资源类型是泛在的，信息提供者是泛在的，信息设备是泛在的，用户需求是泛在的，用户行为是泛在的，用户应用也是泛在的。泛在知识环境要求图书馆必须对读者服务内容和方式进行重新定位，加强与用户的交流互动，协同多层次、全方位的资源和人力，提供主动、专业、到身边、到桌面的泛在知识服务。因此，如何开展信息素养教育改革和教学实践创新，全面提升大学生信息素养以适应泛在知识环境多样化的情境需求，是泛在知识环境发展的必然要求，是社会对高等教育的更高要求，也是高校信息素养教育工作者不断在思考的问题。

二、泛在知识环境下信息素养教育体系的构建与拓展

在"双一流"建设背景下，高校图书馆以一流学科建设和读者需求为导向，构建了涵盖新生入馆教育、信息素养通识课、数据库讲座、专题培训、预约培训和嵌入式信息素养教育等多层次、多维度、立体化的信息素养教育体系。

（一）新生入馆教育

"新生入馆教育"是学校新生入学教育的重要组成部分，是由图书馆组织的普及性的信息素养培训，旨在帮助新生尽快了解并利用好图书馆的资源和服务。"新生入馆教育"培训时间一般为每年9月至10月，培训对象为全体本科新生及研究生新生，培训内容简单易懂，主要包括：图书馆概况、馆藏分布与借阅规则、移动图书馆、数据库的检索，以及图书馆提供的咨询、培训、文献传递等服务，力求让新生能够在第一时间了解图书馆，掌握基础的文献检索知识和信息技能。

（二）信息素养通识课

信息素养通识课是高校图书馆面向全校本科生、研究生开设的公共选修课，一般为16或32学时，课程内容包括信息素养概论、图书馆资源与文献保障体系、中外文数据库的检索及利用、文献管理、论文写作规范、学术道德与学术评价以及信息检索在生活中的应用等。信息素养通识课教学体系完整，教学内容丰富实用，注重培养学生的信息意识和学术道德规范，增强学生的信息检索技能和自主学习能力。

（三）数据库讲座及培训

数据库讲座及专题培训是面向全校师生的普及型教育，为了帮助师生读者提高信息

素养，进一步了解和掌握图书馆资源及服务的利用方法，图书馆会定期举办数据库培训及专题讲座。数据库培训一般由各数据库商培训师主讲，专题培训一般由文献检索课教师或信息专家主讲，课程内容涉及各类学科文献资源检索、电子图书使用指南、全文型数据库的检索与利用、事实型数据库资源检索及使用、外文学术资源荐购指南、如何获取校外文献资源、文献管理软件的使用、如何利用图书馆多媒体资源学习外语、Word论文排版技巧及硕博论文网上提交系统的使用、Excel 表格和 PowerPoint 的制作、数码的魅力 Photoshop 与数码照片的处理、大学生活与图书馆，等等。

（四）信息素养教育体系的拓展

总体上看，新生入馆教育、信息素养通识课、数据库讲座及培训这三种形式的信息素养教育已经覆盖了新生、本科生、研究生和教师等不同层次的读者群体，虽然课程内容丰富、教学体系完整，但笔者发现，在不同信息素养水平读者的教学和实践中还是出现了诸多问题和不足。

（1）新生入馆教育的受众为刚入校的大一新生，虽然他们对图书馆丰富的学术资源充满向往和渴望，但他们信息意识薄弱、信息技能不强，而这些知识和技能无法在一次新生培训课里让他们全部吸收。

（2）信息素养通识课的受众最广，覆盖全校各年级学生，课程教学计划和教学大纲一般由图书馆文献检索课教研室制订，教学内容覆盖面广，可以让读者接受较为完整的信息素养教育，提高他们的基本信息技能，但在实践中许多学生在完成常规的课程后，面对具体的研究课题或检索任务时仍然会感到茫然，在海量信息资源中无法快速定位自己所需的信息，或无法正确地评估信息的价值。

（3）数据库讲座和专题培训的受众较为分散，他们关注讲座中单个数据库的特色资源和利用方法，但他们信息素养水平差异较大，受教学形式所限制，信息素养教育无法以连续性的方式融入日常学习和科研中。

由此可见，以上这三种教学目的、内容、形式等各异的信息素养教育模式已经无法满足泛在知识环境下读者个性化、多元化的情境需求，高校信息素养教育应根据不同受众的信息素养水平、知识需求和学术情境来设计更为契合的信息素养教学方案，而能将信息素养与学术研究、专业学习、应用情境相融合的最佳教学实践模式就是嵌入式信息素养教育。

作为常规信息素养教育的拓展，嵌入式信息素养教育的主体不再是图书馆，而是由教师、学习者、馆员来共同承担。嵌入式信息素养教育根据学习者个性化的信息需求，由教师与馆员共同制定课程方案、合作开展教学实践，在专业课教学体系中融入信息素养教育，使学习者在掌握专业知识的同时提升信息技能。目前，嵌入式信息素养教育已经成为众多高校图书馆提供泛在知识服务的主要途径。

三、泛在知识环境下信息素养教育体系的构建策略

（一）重视馆员队伍建设，大力培养信息素养教育师资力量

高校图书馆馆员是信息素养教育的关键角色，信息素养教学团队的教师素质是影响信息素养教育质量的关键因素。图书馆应该重视馆员人才队伍建设，大力培养信息素养教育师资力量，优化信息素养教学团队配置，形成学科背景多元化、资历及年龄层次化、专兼职结合的教学队伍。同时，馆员也需要通过各种方式不断学习研究，提升自身的专业素养、服务能力，从而提高信息素养教育的水平和质量。

（二）重视用户需求，有针对性地开展信息素养教育

泛在知识环境下用户信息需求的多样化使得信息的获取方式、信息的交流方式和信息存储的载体都随之发生了改变，同时社会对高校大学生的信息素养和人才培养目标也提出了越来越高的要求。图书馆应重视学习者普遍关注和关心的热点问题，根据不同的教学对象、学术情境来确定个性化的信息素养教学内容和教学方案，激发学习者深层次的学习兴趣，从而全面提升学习者的信息素养和综合能力，增强信息素养教育的针对性、层次性、时效性和主动性。

（三）重视教学模式创新，助力"双一流"建设与发展

泛在知识环境赋予了馆员新的角色，除了提供图书馆的资源和服务，馆员通过嵌入式服务模式支持教学和学术研究全过程，从而建立起图书馆与用户的长期合作伙伴关系。"双一流"建设背景下，学校大力推进教学改革和创新，鼓励教师利用慕课、微课、翻转课堂等先进的教学理念和创新教学模式开展教学实践，图书馆信息素养教育迎来了新的发展机遇和挑战，馆员将作为信息专家参与学校学科建设、课程建设和人才培养，助力学校"双一流"建设和发展。

在当今"互联网+"的浪潮中，"智慧城市""智慧校园"和"智慧图书馆"建设打造了更加智能、移动、互联的泛在知识环境，信息无所不在，成为人们日常生活的必需品，能较好地发现、辨别，合理合法地获取、使用和创造信息，将成为人们的基本生存之道。高校图书馆作为学校信息化和社会信息化的重要基地，担负着教育与服务的双重职能，有责任在大学生进入社会前对他们进行良好的信息素养教育。本节力图构建以读者需求为核心的多层次、多形式、多维立体的信息素养教育体系，创新泛在知识环境下的知识服务模式，从而更好地发挥高校图书馆的育人作用。

第三节 系统观视角的高校大学生媒介素养教育体系

本节详细分析了高校大学生媒介素养教育存在的问题，提出采用系统观的视角，构建一套完备的教育体系，从内部管理上整体理顺各个环节的相互关系，使这些环节形成正向合力。该体系通过明确媒介素养教育目标规划，进行相关教育实施方案的设计，并构建多元化的教育环境。通过测评大学生媒介素养，检验教育教学效果，发现问题，并调整教育目标规划，从而将教育理论和媒介实践紧密结合，有效推进高校大学生媒介素养教育。

新媒介以其独特的功能和魅力吸引着易于接受新事物的大学生群体，已经成为大学

生获取信息和沟通交流的主要途径。新媒介呈现出的新观念、新事物、新潮流、新思维严重影响着大学生的学习方式、生活方式、处事方式、交往方式甚至是价值取向。在纷繁复杂的新媒体时代，如何正确看待传媒现象，如何深入了解传媒运行规律，如何科学辨析传媒信息，如何有效利用传媒手段自我完善、推动社会进步，逐渐上升为个人的一种基本素质，其重要性日益凸显，这些都是值得当代大学生、教育工作者乃至全社会认真思考、潜心研究的社会命题。

一、媒介素养的内涵及媒介素养教育的意义

目前大家较为认同的媒介素养概念是 1992 年美国媒介素养研究中心做出的定义：媒介素养是人们面对媒介各种信息时的选择能力、理解能力、质疑能力、评估能力、创造和生产能力以及思辨的反应能力。由此推衍出媒介素养五个层面的含义：一是正确认知媒介的基础知识及使用方法，二是学习判断媒介信息的价值和意义，三是提高对不良信息的质疑和反思能力，四是掌握创造和传播信息的知识和技巧，五是利用新媒介发展自我，参与社会进步。最为理想的媒介素养状态是受众的媒介使用将成为发展他们的一种动力，而不会因媒介使用沦为大众媒介或讯息的奴隶。大学生作为社会的知识群体，具备较高层次的知识水平，但心智尚未完全成熟，在应对媒介、利用媒介、鉴别媒介信息等方面仍显不足。作为媒介接触的主流人群，大学生媒介素养及综合素质关乎国家未来的整体形象。从目前我国的教育现状和社会需求分析来看，加强大学生的媒介素养教育，不仅是大学生树立健全的世界观、人生观、价值观的内在需求，更是信息时代素质教育的应有之义。

那么，何谓媒介素养教育？顾名思义，是提升人们媒介素养的教育思想和教育方法，它是以社会公众为对象，以培养和提高认知媒介、参与媒介、使用媒介能力为目的的素质教育。推动媒介素养教育的根本目的就在于，在纷繁复杂的新媒体时代，帮助大学生学会正确解读媒介信息，掌握制作与传播信息的技能，使他们"能免受媒介传播的不良文化、道德观念或意识形态的负面影响"。其作用意义主要体现在以下几个方面：

一是有助于大学生掌握基本的媒介知识与技能。基本的媒介知识包括语言文字处

理、图形图像处理技巧、网络媒介的特质,以及处置媒介信息的原则和方法。大学生只有较好地掌握媒介基础知识,练就过硬的媒介技能,才能奠定良好的媒介素养基础,及时规避新媒介带来的不良因素的影响,为个人的健康成长创设良好环境。

二是有助于大学生提升媒介信息鉴别与传播能力。新媒介传播的形式多样,传播的信息类型纷繁复杂,引导大学生理性应对日益国际化的媒介世界,正确辨识、评价媒介信息,合理区分媒介现实与客观现实,厘清各类媒介信息背后隐含的意识形态问题,有效控制个人行为,理性传播媒介信息,制造媒介产品,以成熟的心态、理性的思维看待媒介世界,帮助其树立正确的世界观、人生观和价值观,助力个人成长。

三是有助于大学生合理有效地利用媒介信息。新媒介环境下,媒介教育的意义就在于培育和提高大学生对媒介信息的批判性认知和有效的使用能力,这不仅体现为他们对媒介信息负面影响的警惕意识,对媒介信息暗含的价值理念以及意识形态的解读能力和洞察能力,还表现为积极主动地获取有益信息为己所用,调整个人的价值理念及日常行为,从而提升个人与新媒介之间的参与互动能力。

四是有助于大学生增强使用信息的道德规范意识。媒介信息的泛娱乐化、低俗化,以及相关网络法律不完善、政府监管不力,导致目前的法律和管理不足以应对新媒体时代出现的诸多新问题。而高校的媒介素养教育就是要培养和提升大学生在接触和使用媒介信息时所坚守的道德规范意识和自律能力。增强对网络道德规范的总体认知,了解新闻出版、网络管理等方面的政策法规,有助于增强大学生使用信息的道德规范意识。

二、高校大学生媒介素养教育存在的问题分析

近年来,随着网络新媒介的快速发展,各类网络事件层出不穷,大学生的媒介素养被普遍关注,然而,国内的许多高校对于媒介素养教育的重视程度远远不够,媒介素养教育在学校教育教学中的地位没有得到真正的体现与提升。大学校园在开展媒介素养教育方面理应具有独特的优势,却没有得到充分的体现,导致当前相对薄弱的媒介素养教育在多个方面呈现出一些问题,主要表现在以下几个方面:

（一）媒介素养教育的顶层设计不足

媒介素养教育是个繁杂的系统工程，需要基于目标规划、方案设计、环境构建以及测评体系，共同形成相互传动的整体架构，但从目前国内高校实施情况来看，还未能有效地将其纳入顶层设计之中，主要表现在：

1.缺乏媒介素养教育的意识理念

就目前而言，国内高校普遍没有站在高校育人的全局视角中，系统分析大学生媒介素养教育的使命和任务需求，因此，也就缺乏对大学生媒介素养教育各层面、各要素的统筹考虑，缺少明确统一的教育理念，缺乏具有前瞻性和可操作性的顶层设计，以及功能协调、结构合理、行动明确的总体框架。

2.缺乏媒介素养教育的培养目标规划

国内高校鲜有将媒介素养教育列入大学生的通识教育之中，即使稍有涉及，也是更多地将培养目标定性为媒介技术技能的传授方面，几乎没有关注到如何提高媒介能力、媒介意识、媒介道德的课程，也没有将媒介素养作为大学生实践活动的一个必然环节。这样的结果直接导致媒介素养教育内容过窄，培养目标不明确。从媒介素养的教育体系而言，局限于技术技能提升的媒介知识教育只能是基础，其最终目的还是要赋予大学生完善的知识结构，提供解读媒介信息的正确视角，培养独立的思辨能力，增强道德规范意识，成为积极的信息使用者。

3.缺乏媒介素养教育的师资培养计划

目前，高校普遍缺乏专门从事媒介素养教育的师资，现有的媒介素养教育师资队伍与开展大学生媒介素养教育的实际需求存在着较大差距。在一些高校中，从事媒介素养教育的往往是新闻专业教师或专职辅导员，他们或者凭借相关的专业知识，或者凭借个人的兴趣爱好，或者肩负政治教育任务去从事媒介素养教育，开设一些选修课或者专题讲座，往往这些选修课或者讲座的教学目标不明确，也缺乏考核评价标准。面对媒介素养教师缺乏的现状，大多数高校都没有将其列入师资引进和培养计划当中。

（二）媒介素养教育内容跟不上时代发展

从现代意义上讲，媒介素养教育内涵应随着时代的发展而不断地充实丰富，相关的教学内容也需要不断地推陈出新。然而，当前的媒介素养教育内容具有明显的滞后性，难以跟上时代发展的步伐。具体表现在：

1.传统的教育内容未能及时调整，难以满足新媒介时代素养教育的需求

传统的媒介素养教育偏重于媒介知识教育，注重教授大学生新旧媒介的类别区分、媒介组织的运行规律、媒介的使用与制作知识，而相对忽略了大学生积极有效利用媒介的工具意识、判断和反思意识，弱化了道德教育、新闻伦理教育和媒介与个人、社会之间的互构关系，以及忽视了媒介信息批判能力、反思能力、选择和利用能力的提升，等等。

2.专门化的媒介素养教育课程未能及时推出

从目前国内高校开设的媒介素养课程来看，大多集中在新闻传播、教育技术、媒介产品制作等方面，鲜少涉及媒介政治、媒介伦理、媒介价值、媒介责任等方面。媒介素养理应是跨学科的课程，课程安排或教学设计上应涵盖传播学、新闻学、教育学、政治学、社会学、伦理学等多学科领域，当前高校普遍缺乏专门化的媒介素养教育课程。

（三）媒介素养教育形式相对单调

媒介素养往往是以课堂讲授形式为主的较为单一的教学形式，教师通过课堂授课传递媒介基础知识，没有开展真实网络媒介环境下的实践教育活动，学生普遍存在眼高手低、理论与实际相脱离的问题，缺乏必要的媒介素养理论的有效伸展和媒介信息处理经验，导致在媒介实践中存在着"知行不一"的现象，遇到实际的媒介信息问题，依然存在盲从跟风，无法正确处理媒介信息等问题。

（四）对大学生的媒介素养教育情况缺乏客观评价

针对媒介素养教育教学成果的评价标准是缺位的，主要包含两个方面：一是媒介素养教育缺乏专业化的评价标准和评价指标，高校在开设媒介素养课程前几乎没有对大学生的媒介素养水平进行客观的测评，以至于无法掌握大学生的媒介素养真实水平及客观存在的问题，也就无法对大学生的媒介素养教育进行质的评判和量的评估。二是对大学生群体的媒介素养水平监测力度不大。在实际教学中，对学生的评价仅仅聚焦在学生的成绩上，事实上，成绩不能代表教学效果，也无法显示媒介素养水平。对大学生在接受教育过程中媒介素养水平的实时监测可以帮助教师动态调整教学计划和实施方案，从而使得素养教育更具针对性和实效性。

三、系统观下高校大学生媒介素养教育体系构建

高校大学生的媒介素养教育是指高校通过媒介素养教育课程和新媒体环境下的校园媒体实践对大学生进行新媒介知识、新媒介技能、新媒介文化以及新媒介道德的传播和普及，提高大学生的媒介意识，形成良好的媒介素养，达成素质教育的目标任务。笔者认为，目前对高校大学生的媒介素养教育研究还未形成系统性，有的注重对大学生媒介素养现状的调查研究，有的注重媒介素养的重要性及现实意义的探讨，也有的将研究重点放在媒介素养的教育目标、教育途径的探索等方面，这些不同角度确实能在一定程度上对大学生的素养起到促进作用，但是由于媒介素养教育理应是一项系统性工作，高校应基于大学生媒介素养所面临的问题，采用系统观的视角，构建一套完备的素质教育体系，从内部管理上整体理顺各个环节的相互关系，使这些环节形成正向合力。首先，明确媒介素养教育目标规划，以此为基础，进行相关教育实施方案的设计，并构建多元化的教育环境。针对大学生媒介素养进行测评，检验教育教学效果，发现具体问题，并引导教育目标规划的调整，以此循环往复，将教育理论和媒介实践紧密结合，循序渐进，才能有效推进高校大学生媒介素养教育。

（一）媒介素养教育目标规划

媒介素养教育目标需要依据当前所处的社会背景和大学生的总体培养目标进行规划。然而，制定目标规划的前提是统一媒介素养教育的意识理念。高校管理层应统一认

识到媒介素养教育不仅能够帮助大学生养成自觉的媒介辨析意识、媒介批判意识以及媒介道德意识，而且能够让他们对国家民族形成自觉的心理认同，防范西方不良的媒介文化、媒介意识形态的渗透和入侵，捍卫民族文化的安全与独立。由此可见，其重要性不可小觑。在此意识理念的指导下，方可进行系统化的媒介素养教育体系设计。

体系设计的第一层面是媒介素养教育的目标规划。落实到高校层面上，要"积极实行启发式和讨论式教学，激发学生独立思考和创新的意识，切实提高教学质量。要让学生感受、理解知识产生和发展的过程，培养学生的科学精神和创新思维习惯，重视培养学生收集处理信息的能力、获取新知识的能力、分析和解决问题的能力、语言文字表达能力以及团结协作和社会活动的能力"。媒介素养教育目标既应涵盖媒介基础知识的传授，也应注重启发大学生独立思考和鉴别分析媒介信息的能力，培养他们科学批判的思维。新媒介时代，培养大学生批判思维是媒介素养教育的核心目标，媒介素养教育要通过传输媒介的基础知识，强化大学生对媒介信息的基本认知，增进他们对传媒知识的主动辨别，避免"低水平地被影响和满足"，培养他们用批判性思维去分析和鉴别媒介信息，明晰媒介资讯的作用，"解读信息背后的意识形态，了解传媒在日常生活中扮演的角色，作自主的受众，并会合理地运用新媒体进行参与式交往，完善自我，服务社会"。合理有效的媒介素养教育可以培养出兼具科学素养和人文素养的全面发展人才，可以促进大学生的思想道德素质、科学文化素质、身心健康素质的协调发展，引导大学生成为有理想、有抱负、有责任感、有担当的社会主义接班人。

（二）媒介素养教育实施方案设计

媒介素养教育实施方案主要依据媒介素养教育目标进行设计，将确定的媒介教育目标落实为具有一定可执行性的教学计划，供具体实施层面使用。媒介素养教育方案不是孤立的教育方案，而是融合于整体素质教育方案之中，涉及思想政治教育、专业课程教学、师资培养、学生实践活动等多个方面。

1.将媒介素养教育融入思想政治教育之中

思想政治教育是一种特定的信息传播工作，是以社会主义思想体系为核心内容的价值观念的传播，其表达形式、运用手段与大众媒介有密不可分的联系。因此，在设计媒介素养教育方案时，应注重在大学生思想政治教育工作中有意识地培养大学生的媒介素养，引导大学生树立科学的媒介意识，教育大学生正确地解读媒介信息，合理使用媒介工具，增强媒介信息批判意识，提高自我教育能力，以便更好地应对媒介传播过程中大量的意识形态、价值理念、政治观念、道德意识方面的冲击，在提高思想政治意识的同时也有效提高了大学生的媒介素养。

2.将媒介素养教育纳入专门课程教学之中

在高校中开设媒介素养教育课程，是培养和提高大学生媒介素养最直接且行之有效的办法。高校应根据自身实际情况，分步骤、分层次、多渠道开展课程教学，或开设公共必修课，或开设通识教育课程，或开设选修课，或开设专题讲座，或开设学术论坛，以多样的教学形式进行媒介专门知识传授。同时，还可以将媒介素养教育内化到各专业教学的知识体系之中，有效地渗透到人才培养的全过程。因此，高校不仅要加强媒介素养专门知识的传授，还要注重专业课教学中的媒介素质养成。

3.将媒介素养教育融入师资培养之中

教师是媒介素养教育的承担者、组织者和发起者，在媒介素养教育活动中发挥着主导作用。教师的媒介素养水平直接关系到大学生的媒介素养层次。一方面，高校要加强引进与培养专业教学人才，通过聘请专家学者，利用学术讲座、论坛、研讨等形式，开展对在职专业教师的长期、系统的培训。另一方面，对全校教师进行媒介素养培训，加强教师对媒介素养教育的重视程度，最大限度地提高教师的媒介素养，使他们能够将媒介素养教育的内容融入各学科教学之中，以正确的世界观、人生观、价值观，以科学的思维方法影响学生。

4.将媒介素养教育融入培养学生的实践活动之中

一方面，鼓励学生参与媒介产品的制作，通过制作与传播实践，帮助学生深刻感知媒介的作用与意义，实实在在地提高媒介素养。另一方面，利用校园媒介资源，开辟媒介素养教育基地，通过搜集、制作社会热点案例，邀请专家学者对案例进行评价分析，引导学生认识媒介、解读媒介，培养他们对媒介信息的批判观念，帮助他们看清社会主流，避免大学生对正确信息盲目否定，对错误信息盲目轻信，让他们更理性、科学地看待和处理现实问题。

（三）多元化媒介素养教育环境构建

媒介素养教育环境的构建要基于教育方案进行，将教育方案具体化为实际执行的各种教学环节，结合教育方案和教学环节设计，构建多元化的教育环境。

大学校园作为传播知识和弘扬文化的重要阵地，有着较为丰富的媒介资源，校园广播、电视、报纸、期刊、校园网络等传播媒介凭借其信息量大、作用面广、出现频率高、影响深刻等优势，营造了全方位的舆论环境，构成了媒介素养的教育环境。校园媒介对大学生具有不可替代的、持久且深刻的影响和教育意义，是学校育人环境的重要组成部分。因此，大学校园要重视建设校园传播媒介和文化设施，发挥校园媒介得天独厚的优势，利用各种媒介形式和手段宣传现代化的媒介知识、媒介技能和媒介意识，营造媒介素养教育的环境氛围。

此外，要积极拓展校园媒介平台，探寻与大众传媒的合作，为高校大学生开拓参与媒介活动的教育环境。高校或者可以充分利用校园现有的媒介资源，鼓励师生互相启发，开展形式多样的媒介实践活动，以实际的媒介作品参与进大众传媒的实践，或者可以邀请大众传媒界人士走进校园，与大学生交流互动，让大学生获得来自媒介一线的第一手信息资料，了解身边的媒体状况，以所见、所闻、所作增强对媒介的感性认识，拓展媒介的教育环境。

另外，高校要注意挖掘家庭、政府、社会对大学生媒介素养教育的影响。通过加强与学生家庭的沟通，搭建媒介素养教育网络，深化媒介素养教育环境。无论是高校还是家庭都有责任为大学生创造一个良好、健康的生活环境和教育环境，在潜移默化中对他们进行媒介素养教育，促成其健康的人格。

（四）大学生媒介素养测评

准确地开展大学生媒介素养测评对于后续教育目标的制定与调整，以及前期教育方案及其实施情况的评估，有着至关重要的作用。因此，媒介素养教育的规划目标和实施方案的运行效果，需要有测评机制来驱动和完善，确保媒介素养教育体系的科学性与实用性。笔者认为，大学生媒介素养测评既需要做好定期测评，又要做好实时测评。

定期测评主要针对媒介素养教育中的一些阶段性目标进行特定的测试，检测相关的教学内容是否已经被掌握，教学目标是否达到，从而确认教育方案及其实施方法的有效性。实时测评主要是指对大学生在校园内的媒介使用情况进行一些实际的统计分析，探寻大学生媒介活动规律，从而，辅助设定媒介素养教育目标。此外，高校还应呼吁政府、媒介科研机构依据评判标准，出台评价指标，把对大学生媒介素养教育的过程及其效果进行综合性评价，把阶段性评价和总结性评价结合起来，利用评估反馈的信息，加强和改善对媒介素养教育过程的调控，从而对高校教师和大学生产生积极的作用，保证大学生媒介素养体系的良性循环，真正保障大学生媒介素养教育的实效性。

媒介素养教育是我国现代教育在信息时代面临的一个全新课题，需要高校、政府、媒体、社会形成体系，构建一个全新的教育格局，共同提高大学生媒介素养。然而，就高校内部而言，也需要从目标规划、方案设计、环境构建、评估测评等方面形成合力，建立起全面、高效、合理的育人格局。

第四节 信息碎片化背景下大学生的媒介素养教育体系

随着网络信息技术的快速发展，信息碎片化对大学生媒介素养产生了极大的影响。当前信息碎片化在传播平台和传播内容上呈现出多样化特点，大学生对媒介信息的辨别能力、控制能力和运用能力方面表现出严重不足。因此，高校应该加强专业教师队伍建设，开展专业课程教学，构建有效的评价机制，从而建立一套完善的大学生媒介素养教育体系，不断提升大学生的媒介素养水平。

随着网络信息技术的发展，大学生使用媒介的人数也在不断攀升。根据中国互联网络信息中心（CNNIC）在 2018 年 3 月发布的第 41 次《中国互联网络发展状况统计报告》显示，截至 2017 年 12 月，我国网民规模达 7.72 亿，其中大专及以上学历人群占比为 20.4%。由此可以看出，大学生是信息传播过程中的一个重要群体。在信息碎片化时代，海量的信息给大学生提供了广阔的视野，同时也给他们的信息选择带来了困惑。大学生的媒介素养水平还不够，他们很容易受到信息碎片化的影响。因此，高校很有必要对他们进行媒介素养的实践教育。

一、信息碎片化的内涵

从"碎片化"的字面意可解释为一个完整的整体分裂为诸多小个体，对于信息碎片化的具体解释为完整的信息通过媒体介质的编辑和传播而形成一种零碎、散状的描述形式，使得信息、受众和媒体出现细分化现象。其具体表现在以下四个方面：

（一）信息传播平台的碎片化

在互联网平台上，我们看到越来越多的应用软件不断涌现出来，例如微博、微信、今日头条、QQ 空间、百度贴吧、校园论坛等。人们在这些平台上获取信息的同时，还可以自由地表达自我和分享生活，和网络上的其他人开展互动交流。各种不同的网络平台向人们传播着不同的信息，也对应着人们不同的需求。人们的需求和时代发展紧密相关，当社会不断向前发展，人们的需求也会随之发生变化，网络平台为了更好地满足人们的各种需求，会衍生出更多的个性化产品，从而使得信息平台呈现出碎片化。

（二）信息受众阅读的碎片化

在网络信息快速发展的社会，人们时刻都会面对大量信息。随着现代生活节奏在不断加快，人们的时间和精力也有限，他们不可能像阅读报刊那样集中所有注意力来获取信息。对于日常的海量信息，人们都会有选择性地阅读，且在信息的阅读上都是快速浏览，不会花费过多的时间停留。网络信息在不断更新，人们想要掌握当前发生的重要信息，其阅读方式也得随之改变，利用有限的时间进行快速阅读，因而使得人们的阅读呈现出碎片化趋势。

（三）信息传播内容的碎片化

在网络信息时代，信息传播内容比较简短，不用大量的篇幅对事件发生的原因、过程和结尾进行描述，这使得内容不具有完整性而呈现碎片化。信息传播内容复杂多样，每个人都可以利用互联网自由地记录与分享信息，这些信息纷繁杂乱地分布着，属于网络信息中一个小小的碎片信息，通过碎片信息的大量积累和叠加而形成一个非常庞大的碎片信息网络系统。这些碎片信息在传播的过程中，呈现的是一种非线性的裂变传播模式，在这种模式下信息传播会越来越快，传播范围也会更广，信息内容在传播时会经过人们再次编辑转载而发生异变，形成新的信息。

（四）信息传播主体的碎片化

在移动互联网时代，人们更乐于通过网络来表达自己的观点和生活态度，网络给予了他们更多的媒体话语权，传播主体的地位被打破，人人都可以成为网络信息传播的主体。在信息传播的过程中，人们可以是信息的发布者，也可以是信息的接受者，这种开放式的传播结构使得信息朝扁平化发展，传播主体呈碎片化分布，越来越多的人可以加入传播主体这一行列。

二、大学生媒介素养的内涵与组成

（一）媒介素养的内涵

1933 年，英国学者利伟斯和汤普森在《文化与环境：培养批评的意识》中最早提出媒介素养的概念。文中对媒介素养做了相关阐释并指出，要不断提高社会成员的媒介素养，以抵抗大众传媒流行文化产生的消极影响，从而更好地维护其精英文化。经过多年的发展，各种信息媒体层出不穷，媒介素养也在不断地延伸，其内涵也更加丰富。各个学者对于媒介素养有着不同的定义表达，但大体上对于媒介素养有着一个共同的认识，媒介素养就是公众对各种媒介信息的解读和批判能力。当社会成员拥有这种能力时，他们就能对各种媒介信息进行有效处理，并从中获得所需要的信息资源，从而让自己在信息社会中可以更好地生活。

（二）大学生媒介素养的组成

前面已经对媒介素养的内涵进行了概述，大学生媒介素养的组成则是指大学生可以正确使用各种媒介，对媒介信息的价值意义有自己的判断，并能有效利用各种媒介的能力。在网络信息快速发展的今天，大学生媒介素养的组成包括以下几个方面：

媒介认知能力。媒介认知能力就是大学生可以全面认识媒介，了解媒介的相关基础知识，懂得正确使用媒介的技能，熟悉媒介的道德行为规范，清楚媒介的信息传播模式。媒介认知是网络信息时代大学生应具备的基本媒介素养。媒介认知要求大学生严格遵守相应的媒介道德规范，约束自己的媒介行为，不传播各种虚假垃圾信息，提高自身的媒介道德意识，有效利用媒介来服务自身、他人、集体和社会的发展，这也是大学生媒介素养教育的重要内容。

媒介解读能力。媒介解读能力就是大学生对于媒介信息应该进行批判的接受。媒介解读要求大学生可以客观公正地看待媒介的特性，对媒介信息的意义作出合理准确的价值分析，并对一些不合时宜的信息进行及时处理。这些对大学生的媒介识别和选择能力作出了较高的要求，使他们能在复杂多样的媒介中作出正确选择，快速地搜寻到对自己有益的媒介信息。

媒介运用能力。媒介运用能力就是大学生在全面认识媒介的基础上，能够从媒介信息中快速寻找到有利于自身学习和生活的有用信息，并运用媒介使自己不断成长。媒介给予了大学生一个很好的成长学习平台，他们可以通过网络媒介来认识新事物和新知识，并根据自己成长的需求有效运用媒介展开创造性学习，在媒介学习中不断地发展与完善自己。

三、信息碎片化背景下大学生媒介素养存在的主要问题

（一）大学生对于媒介信息的辨别能力尚不足

随着网络媒体技术的快速发展，一些不良信息经过媒介的多次传播之后，会让人产生一种亦假亦真的感觉，从而给人们造成巨大的困惑。当前大学生的思维辨别能力还不太成熟，他们对媒介打造的"拟态世界"和客观现实世界难以区分，有时会把媒介视野所营造的"拟态世界"看作是客观事实存在，从而被虚拟的假象蒙蔽。根据调查显示，有80%以上的学生不会对信息的真伪展开辨别分析，仅有不足20%的学生会对信息进行认真的过滤分析。由此可以看出，大学生对于媒介信息的辨别能力还不够。因此，当一些虚假垃圾信息涌入大学生的眼睛时，他们难以辨别其中的真假而接受此信息，从而对他们的思想观念和价值判断产生严重冲击。很多大学生对媒介信息保持着很高的信任度，他们会经常浏览媒介信息，并从中获取自己所需的信息，但对于媒体所提供信息的真实性，他们却很少进行思考和分析判断。

（二）大学生对于媒介信息的自控能力还较弱

在信息时代，大学生会面对海量的信息资源，这些信息资源会深深地吸引他们，一些自制力较差的大学生可能就会深陷其中难以自拔。媒介平台营造了一个信息传播的广阔空间，深受广大学生的喜欢，他们当中有些人可能会过度地沉迷于媒介信息。根据调查显示，有92.35%的大学生在上课途中会悄悄地利用媒介浏览其他信息。很多大学生的自控能力较弱，在上课过程中使用媒介来浏览其他信息会严重影响到他们的学习。丰富多彩的媒介信息和枯燥乏味的课程学习形成了鲜明的对比，很多大学生管控不住自己而去媒介信息中寻找碎片化知识。

（三）大学生有效运用媒介的能力还不强

在信息快速发展的时代，如何高效获取自己所需信息是大学生应该具备的一项非常重要的能力。大学生应该熟知媒介信息的特性和传播规律，充分利用媒介平台获取有效

信息，增加自己的知识信息储备，借助媒介信息来不断地完善自我，实现自身的创新发展。从大学生获取信息的方式来看，他们很多时候对于信息都是被动地接受，对这些被动接受的信息也不会进行理性的判断和思考。有调查显示，大学生运用媒介的主要目的为获取信息，其次是交流互动和娱乐八卦，最后才是专业学习。这从侧面反映出了大学生运用媒介的娱乐性目的，很少将媒介作为学习平台来拓展自己的专业知识。

四、信息碎片化背景下大学生媒介素养教育体系的构建

大学生媒介素养教育就是培养大学生对媒介的认知，媒介信息的处理，媒介真假的识别和媒介的道德法律意识。在信息碎片化背景下，大学生媒介素养受到了严重的影响。因此，要科学构建大学生媒介素养教育体系，引导大学生正确规范地使用媒介，提升大学生的媒介素养水平。

（一）加强高校媒介素养教师队伍建设

媒介素养教师队伍负责大学生的媒介素养教育，在一定程度上决定着大学生媒介素养教育的教学质量。媒介素养教育涉及多学科的交叉融合，所以教师不仅要懂得新闻学和传播学媒介素养的专业基础知识，还应该了解教育学和社会学相关的基础知识。在信息碎片化时代，高校应该与时俱进，通过多种形式开展媒介素养教师队伍的业务培训和技能培养，提高教师的媒介素养水平，增强他们对于媒介信息的特性、功能和传播的认识，从而打造一支高标准的专业化教师队伍。高校只有拥有良好的媒介素养教师队伍，才能在教学实践中给予大学生高质量的专业化教育，引导他们正确对待媒介信息，从而提升他们的媒介素养水平。

（二）开展大学生媒介素养教育的教学课程

媒介素养是信息碎片化时代大学生必须具备的一项能力，将媒介素养教育纳入大学教学课程体系是时代发展的客观要求，也是提高大学生媒介素养最行之有效的方法之一。一些发达国家很早就开设了大学生媒介素养教育的试点，并在日常大学的教学课程

中开展专业媒介素养教育。当前，高校应该尽快完善大学的媒介素养教育课程体系，根据不同年级学生的教学要求，安排不同的媒介素养教育课程内容，让大学生对媒介有一个全面系统的认识，提升他们利用媒介的技能和对媒介信息的辨别能力。对于媒介素养教育课程内容的安排应该具有针对性，采用循序渐进的教学原则，重点解决大学生在日常学习生活中遇到的媒介问题，统筹规划媒介素养教育的发展新方向。

（三）构建大学生媒介素养教育的有效评价机制

科学有效的媒介素养评价机制可以对大学生媒介素养教育的实施情况进行评估考察，是媒介素养教育顺利进行的重要保障。媒介素养教育评价机制要综合考虑各方面的要素，其评价内容和标准要紧跟网络信息的发展和高校人才培养的模式而不断作出调整修正。对此，高校应该尽快落实大学生媒介素养教育的有效评价机制，将大学生在平时学习生活中的媒介道德、媒介理论基础知识、媒介实践操作能力以及教师队伍的培训等多方面要素作为评价的内容，对媒介素养教育的过程和效果进行评价，并把最后的评价意见进行汇总分析反馈，从而可对大学生媒介素养教育情况进行有效的把控和调节。

第五节 嵌入式高校学生信息素养教育模式

介绍国内外高校信息素养教育中的"嵌入式"概念，通过对高校以学生读者为中心的嵌入教学环节和嵌入网上虚拟空间的信息素养教育方式的探讨，指出嵌入式信息素养教学改变了传统的以图书馆信息检索教师为主的教学模式，以学生需求为主体，在提升大学生的信息素养方面有着更好的效果。

随着计算机网络的快速发展，知识经济成为这个时代最显著的特征，而人的创新技能则是推动社会发展的源泉。信息素养包括信息意识、信息知识、信息能力、信息道德4个方面，成为现代大学生掌握学术前沿、创新发展的基本技能。为此，信息素养教育也成为实现高校素质教育目标的重要内容。

一、嵌入式信息素养教学概述

传统的信息素养教育模式是以图书馆检索教师为中心的文献检索课形式，教学内容相对枯燥单一，教学形式落后，使许多大学生对文献检索课的学习兴趣不高，不能引起足够的重视，这对大学生提高专业知识学习中所需的信息检索基本技能产生了很大影响。为此，近年来高校信息素养教育中引入了多种新的教学方法，其中"嵌入式信息素养教学"把文献检索课程引入专业课程学习之中，取得了较好的效果。

嵌入式信息素养教学，是以学生读者需求为主体，图书馆馆员作为教学助手嵌入到课堂或网络教学平台，将信息素养与专业课程结合起来，把信息检索技能、信息意识和信息道德融入专业课堂教学内容的教学模式。通过与专业教师的协作使学生掌握专业课程的基本知识，提高学生的信息素养，增强学生的自学能力和科研创新能力的信息素养教学。嵌入式信息素养教学打破了时间、空间上的局限，为学生提供更有深度的教学服务。国外有些学者称之为"与学科的整合式教学"，"信息素养与专业课的渗透式教学"，等等。在国外高校图书馆中，以读者为中心的嵌入式信息素养教学已经开展多年，例如美国南犹他州大学商学院将信息素养教育看作是学生掌握学术前沿的重要技能，该校制订了专业课教师与馆员合作开展信息素养教育的计划，并安排了详细工作步骤与任务。在教师与馆员共同开展信息素养教育中，馆员可以参加专业课教学会议，教师与馆员共同承担提高学生信息检索技能的任务。

二、嵌入式信息素养教育模式

（一）嵌入教学环节的信息素养教育模式

信息素养是一个逐渐加强和不断巩固、完善的过程，贯穿于大学生学习的始终。不同年级、不同学历背景的大学生由于认知能力、学习能力不同，学习和科研的需求不同，其所具备的信息素养也存在着很大差异。如本科生、硕士生、博士生由于对文献信息的需求层次不同，信息素养教育相应地体现出层次性和阶段性。因此，在嵌入教学环节过程中，应根据不同年级对信息素养的不同要求进行分阶段、连续性的信息素养教育。以学生为学习主体，信息素养教育嵌入的内容由初级理论知识的讲授转变为如何快速获取和处理所需文献信息的实践活动，在这个过程中以学生信息素养的提高和养成为目的，将信息素养教育的各个阶段和层次与大学生专业学习的不同阶段相结合，有计划地开展信息素养教育。

1.初级培养阶段

对于刚入学的新生，主要针对的是新生信息素养兴趣的培养，开设怎样利用图书馆等普及性信息素养教育课程。图书馆开展新生入学教育、专题讲座、图书馆网站介绍和参考咨询，以图书馆资源检索和利用为主题的信息素养教育。对新生主要进行信息基础知识和信息利用基本技能的教育，嵌入教授利用图书馆的方法和技能。也可以让新生直接进入图书馆内，更直观地了解图书馆的资源与服务、图书馆的藏书布局、借阅流程以及相关规章制度，近距离感受图书馆。据了解，许多国内高校图书馆都将新生入学作为新生信息素养教育的重要契机，利用参观、培训、讲座等形式让更多的新生了解图书馆，提高大学生获取文献信息及应用能力，让信息素养教育逐渐融入学生的日常生活中。

2.中级教育阶段

针对二、三年级的大学生，将图书馆资源的利用及文献检索课程嵌入到专业课授课的各个教学环节中。在这个过程中，其基本要求是既要教授专业学科内容，又要培养成功完成与图书馆有关的作业能力，而且对两方面的学习结果都要进行测试。对学生的专业课程内容设计相应的信息检索策略，提供具体的检索实现途径，帮助学生在计算机上完成实习，针对学生在检索实习中遇到的问题开展咨询解答。由课堂引导型教学为主逐步过渡到合作探究学习和实践为主的自主型教学，以实现专业课教学目标的同时，培养学生完成课程所需的信息素养能力，掌握学术文献信息检索方法，提高快速检索专业学术文献的技能，为更好地学习专业课程奠定必要的基础。同时结合各院系对不同专业数据库的需求及研究学习的特点，选派馆员直接到院系开展普及培训、书目推荐、数据库宣传等工作。

实践中，美国威拉努瓦大学将信息素养教育循序渐进地嵌入到不同年级的多门专业课中，每个学期至少有一门课将信息素养嵌入到专业课中，使学生的信息素养有了系统性的提高。

3.高级培训阶段

针对四年级和硕士、博士研究生阶段的学生，他们面临毕业论文的撰写和步入社会工作，这个阶段强调信息意识和信息分析利用能力、创新能力的培养。特别是硕士生和博士生，他们既是学生同时又是研究者，进行基于学科的应用专业信息素质教育是十分必要的。课程内容涉及多领域知识共同构成的多元融合的课程体系。

嵌入学科专业学习，与学科专业教师协作开展整合式教学，介绍与专业学科相关的数据库检索方法技巧，注重西文数据库的培训，跟踪专业最新信息，进行文献调研、获取全文、文献阅读整理技巧、期刊关键词词频统计方法、高被引期刊研究主题对比分析方法等，培养学生综合利用网络文献信息资源，获取所需的国内外专业文献信息，重点培养学生科研能力和创新意识，撰写学术论文、学位论文，提高学生的科研水平。

（二）嵌入网上虚拟空间的信息素养教育模式

随着信息技术的快速发展，网络改变了人们的生活方式，也改变了人们获取文献信息的渠道。通过互联网、各种专业数据库获得学术信息，受到越来越多的当代大学生的欢迎。在嵌入教学环节开展信息素养教育的同时，在线信息素养教育已经成为信息素养教育的重要形式。以学生需求为中心，针对不同层次的学生，以解决学生信息问题为归宿，由浅入深，打破教学中的时间和空间限制，让信息服务成为学生手边即时可用的服务。

1.将信息素养教育嵌入大学生用户虚拟空间，搭建虚拟社区

通过与专业课教师共同建立专业课网站的方式提供课程指导，利用网络开展与学生需求相对应的服务。针对某一特定学科学生提供具有一定深度的关于某个领域进行检索和利用信息的内容，提供基于不同阶段、不同层次的知识单元服务，以方便学生利用。

2.利用现代化通信工具，嵌入读者的信息环境，进行快捷沟通

例如利用电子邮件、电话、MSN、QQ，打造互动空间，提供信息检索知识，让读者在封闭的环境里直接获得信息服务。利用专业学科博客建立学科资源介绍、服务介绍、最新消息等网页，让读者进行评论和反馈，建立与读者的交流互动平台，进行实时咨询。

3.通过嵌入读者的常用软件和常用网站，增强信息服务的可发现性和易用性

图书馆浏览工具条、RSS 等流行软件、Black board 等网上教学软件，提供检索工具、文献信息咨询等图书馆服务，从而使学生在工作、学习、聊天的同时，不用访问图书馆即可方便地与馆员交流信息检索方法，方便学生自学相关内容。

4.建立专业网站

建立相关学科专业网站，从专业角度科学地揭示资源，提供信息咨询、文献传递、信息查询等一站式信息服务。包括数字技术和信息素养，互联网基本概念、服务内容，网络浏览器软件及怎样使用搜索引擎，检索实习等。

在美国密歇根州立大学，专业教师与图书馆员合作建立教学指导网站，包括图书馆资源、虚拟大学课程指导及信息素养教育的课程材料，共同开展信息素养教育。在北卡罗来纳州立大学图书馆，通过网站提供包括图书馆合法的专业课电子资源和教学材料，极大地方便了专业教师与大学生的利用，取得了较好的效果。

第四章 高校图书馆资源建设

第一节 新媒体时代下高校图书馆资源建设

本节首先对新媒体时代下图书馆资源建设的意义进行分析，然后在优化馆藏结构、建设新媒体阅读平台等相关举措的基础上，详细分析并阐述了新媒体时代下图书馆资源建设的措施。

随着网络技术与信息技术的高速发展，新媒体时代悄然到来。新媒体的出现让人们的学习、生活与工作方式都发生了一定的变化。图书馆是一种收集、整理和收藏图书资料，提供给人阅览的公共机构。在新媒体时代下，图书馆的建设不仅有更多的机遇，同时也面临着一定的挑战。资源建设是图书馆发展中的重要工作，图书馆只有做好资源建设工作，才能够满足大众的阅读需求，符合大众在新媒体时代下的阅读习惯，在此基础上促使图书馆事业稳定发展。

一、新媒体时代下图书馆资源建设的意义

在新媒体时代下，新媒体技术正以快速的发展创新传统信息交流方式，新媒体技术以其交互性、分众性、低成本等特点，为公共图书馆进行公共服务，并为开展各种知识和信息的宣传提供了优质的交流平台。在新媒体时代下，图书馆虽然具备了发展机遇，但同时也面临着以下挑战：其一是弱化了图书馆资源库的功能，图书馆从存在以来一直是文化信息的保存机构，是大众获得信息的关键来源。但是在网络技术发展的背景下，

搜索引擎作为新媒体服务的一部分，逐渐成为大众获得信息的关键渠道，取代了图书馆信息资源服务的地位，大众查询信息时有了更多选择，所以弱化了图书馆的信息资源库功能。其二是降低了用户对图书馆的依赖性，在新媒体时代下，大众获得信息的方式更多，因为可以通过网络平台获得需要的资源信息，所以图书馆就不是大众唯一获得信息的选择。在这种情况下，就需要在新媒体技术的基础上，加强对资源的建设，在开展各种公共服务时使用新媒体技术进行宣传，资源建设内容要更有新意，建设的形式也要更加多样化，要能够满足大众的阅读需求和习惯，在此基础上丰富图书馆的资源，促使图书馆事业的可持续发展。

二、新媒体时代下的图书馆资源建设措施

在新媒体时代下，图书馆要充分使用新媒体技术，引进先进的理念与方式，加强对图书馆资源的建设，创新图书馆资源的内容和形式，满足更多人对图书馆的要求。在新媒体时代下，图书馆资源建设的措施如下：

（一）合理布局图书馆网络

在新媒体时代下对图书馆资源进行建设与配置，首先要做的就是图书馆网络的合理布局。我国图书馆网络设置，必须要和数字图书馆建设的思路一样。数字图书馆的建设，主要是以数字化的实体图书馆作为基础性资源，将计算机网络作为基础设施，面向全社会提供数字化的文献信息与其他的一些信息。新媒体时代下，图书馆网络设置和布局的调整，必须要和馆藏结构优化结合在一起进行综合考虑，才能够让馆网的布置符合图书馆资源建设的整体目标，适应开发、利用以及开放图书馆资源的各种需求。

（二）优化馆藏结构

在新媒体时代下进行图书馆资源的建设，最重要的是做好馆藏结构的优化。首先要做的是提升图书馆采购质量，在各种资源之间进行整合与互补。要突出馆藏特色优势，根据图书馆的不同种类、不同层次，从所在地区的经济、文化等方面入手，建设能够突

出特色和优势的馆藏结构。其次要重视读者的需求，在新媒体时代下使用新媒体技术，对读者的需求进行全面调查，精准把握用户需求和动态趋势，并且合理调整馆藏结构。在这其中要做好图书比例的配置，合理设计各种馆藏中不同种类图书的比例，使其能够更加全面、深入地满足各种人群的阅读需求。最后要进行馆藏数字化的开发和使用。依据数字图书馆的建设思路，思考馆藏结构的升级措施。在资源共享方面，当前各个图书馆都开始引进了数字资源，通过采购、试用和运用免费数据库等方式，优化资源共享。

（三）为新媒体阅读提供优质内容

服务社会大众是国家赋予图书馆的责任。在新媒体时代下，图书馆资源建设水平、使用水平与服务水平，直接关系到大众的利益，这些都需要数字出版等技术来进行支持。图书馆必须要担负起社会公益责任，要能够站在大众的角度上思考问题，为大众提供需要的内容。从这一方面看，不管是新媒体阅读还是传统阅读，都需要让读者有优质的图书可读。因此，图书馆需要建设以读者阅读需求为基础的阅读书目，并且实施分级阅读。其中的分级阅读主要是对于文学、科普和知识类的图书，以此来引导读者养成良好的阅读习惯。

（四）建设新媒体阅读平台

长时间以来，怎样提供更有价值和便捷的服务，使用数字平台服务社会，让图书馆成为当地群众终身学习的场所，一直都是图书馆行业的重要任务。新媒体时代下，怎样使用先进技术提升大众阅读能力成为新的问题。地方图书馆需要构建新媒体阅读平台，加强对服务形式的创新力度。建设新媒体阅读平台，主要体现在加快数字图书馆的建设。可以在数字图书馆中，建设海量分布式文化资源库群，建设传统文化集中展示平台，建设开放式的信息服务平台和交流平台，让数字图书馆可以为大众提供更优质的服务。通过建设数字图书馆，保障公共文化的基本性、平等性以及便利性，尽可能发挥图书馆引导社会和教育人民的功能。数字图书馆建设通过新媒体，让图书馆服务覆盖范围延伸到手机、电脑以及各种智能移动端上，以此进行全媒体服务。移动数字图书馆是图书馆更深一步的开发项目，读者能够使用自己的手机、电子阅读器等随时随地阅读，使用无线网络，还能够在全球任何地方借阅图书。这种资源建设方式不但方便了大众读者，同时还提升了图书馆的利用率，提升全民阅读效率。

在新媒体时代下，图书馆的发展不仅面临着挑战，同时也具备一定的发展机遇。要想促使图书馆事业稳定发展，就需要在新媒体时代中做好资源建设工作，通过建设图书馆网络、优化馆藏资源，以及建设新媒体平台，可以有效提升图书馆资源建设水平。

第二节 高校电子图书馆的资源建设

资源建设作为电子图书馆建设的核心，同时也是其建设的重点及难点所在，强化资源建设，有助于实现电子图书馆的资源优化整合，为读者提供重要的资源保障。基于此，本节首先对电子图书馆的资源特色进行了阐述，分析了电子图书馆的资源结构，重点对电子图书馆的资源建设提出了几点合理化建议，旨在助力电子图书馆资源建设工作的发展。

从电子图书馆的角度来分析，电子资源建设作为其建设的重点，同时也是图书馆工作面临的新课题。具体主要包括两方面内容，即实体馆藏建设和虚拟馆藏建设。其中所谓的实体馆藏建设，包括印刷型、缩微型、视听型文献及电子出版物等内容。虚拟馆藏建设，指的是发挥图书馆馆员专业优势，借助先进的技术，充分掌握和了解网络资源分布情况，筛选出网上具有价值的信息。通过建设电子图书馆，更好地为读者提供优质的阅读资源。

一、电子图书馆的资源特色分析

电子图书馆的发展日益完善，其资源方面有着明显的特色，具体主要体现在以下方面：

（一）存贮方式发生改变

与传统图书馆相比，电子图书馆在信息存贮方面有着较大的优势。与此同时，在馆藏载体表现形式上，电子图书馆与传统图书馆同样有着明显的区别，其中前者主要以实物加虚拟馆藏为主，而后者则单纯的以实物为主。例如，针对电子出版物的存贮来讲，当前主要以光盘为主，当前这种存贮方式既是电子图书馆的主要部分，也是传统图书馆的关键部分。除此之外，电子图书馆还有着明显的优势，网络上传输的数字信息为电子图书馆的另一个信息来源。

（二）保证了检索的效率

与传统文献载体相较，电子图书馆摆脱了其固有的特性限制，实现了新的突破。通过超文本技术、超文本节件、索引技术，使各种信息可以自动地按其本身的逻辑关系组成相互联系的网络。当前这一模式的有效实施，使检索效率有了极大提升。

（三）实现了资源方面的共享

众所周知，电子图书馆馆藏形式的出现，在某种程度上弥补了传统图书馆的不足，彻底摆脱了时间与空间限制，有效实现了资源共享的目的。例如，读者在实际的阅读当中，可共享海量的正式出版物，而这些传统图书馆无法实现。

（四）馆藏结构多样化

电子图书馆馆藏是数字化信息，其主要囊括了诸多数字信息，其中主要包括超媒体、视频、声频以及图像等，针对当前这些信息而言，可以通过发挥多媒体技术的优势，将其更好地结合起来，而后再进行统一管理。通过实施当前这一管理模式，在某种程度上为其收藏提供了保障。

二、电子图书馆的资源结构分析

目前，虽然电子图书馆建设已经取得了显著性的成效，并且有着诸多方面的优势，但尚未对其进行科学的定义。针对电子图书馆馆藏资源而言，人们对其认识并没有统一。其中某一观点认为：电子图书馆的馆藏资源全部数字化，即实现"无纸图书馆"；另一种观点认为：无纸社会难以来到，电子图书馆不可能没有纸质文献。虽然对电子图书馆馆藏资源的看法不一，但总体发展趋势是良好的。尤其现阶段，图书馆电子化发展日益突出，并且仍然不断向着智能化方向前进，该阶段可视为电子图书馆初级阶段。随着数字化技术的不断发展，数字图书馆必然会向着高级方向发展，届时也会成为电子图书馆的高级阶段，这也是未来要实现的目标。电子图书馆的馆藏资源广义上主要包括文献信息资料、信息技术设备、图书馆馆员和相关服务软件。众所周知，电子图书馆已经实现了全新突破，不再受时间与空间的限制，但需要满足一个条件，即在有网络的条件下，读者可随时随地访问图书馆计算机。当前这一阅读模式的有效实施，有助于实现远程阅读的目标。在进行馆藏资源建设的时候，则需重点加强对文献资源的建设，在保证当前工作的基础上，还应当综合利用图书馆以外的各种有价值的信息资源。因此，电子图书馆的馆藏应由现实馆藏和虚拟馆藏共同构成。

三、电子图书馆的资源建设的优化策略

（一）强化全文数据库建设

全文数据库主要包括题名、摘要、关键词等数据的数据库。用户要想检索到全文，则需要根据实际需要，在相应的检索入口进行操作，便可实现上述目的。全文数据库囊括了海量的优秀资源，在具体应用过程当中，有着较为显著的优势，为文献信息工作提供了重要的数据保障。与此同时，全文数据库还能够为读者提供海量的阅读资源，便于读者快捷获取想要阅读的著作，这对于读者来讲具有重要的意义。虽然全文数据库有着较大的优势，为读者带来了方便，但也存在着一定的不足之处，具体主要体现在：全文

数据库的制作，往往需要先进的技术为其提供保障，但由于技术方面的缺失，使得全文数据库的数量没有得到拓展，有待于改进和完善。而网络技术的不断发展，为全文数据库建设提供了保障，无论在建设的质量方面，还是在具体数量方面，都得到了显著提高。

（二）加强实体馆藏数字化建设

要想实现实体馆藏数字化建设的目标，则需要做好以下几个方面的工作：

1.注重数字化特色馆藏资源构建

目前，国内先进的图书馆（如中国国家图书馆、上海图书馆等）在进行数字化建设的过程中，主要立足于图书馆馆内的实际情况，将当前具有特色的文献资源作为根本出发点，使其成为首批数字化对象。与此同时还注重电子文献资源方面的利用。

2.电子文本订购

电子图书馆在开展信息服务的过程中，要想提高其信息服务的质量，则需要通过电子文献资源提供保障，这也是使其服务的物质基础。图书馆要根据具体实际需要，结合当前的现状，积极订购各种电子出版物，通过这一模式的实施，逐步增加馆藏电子文献的比例。此外，还需要结合自身的情况，定期对馆藏电子刊物进行评估，通过开展质量评估工作，可以将部分不达标的电子期刊进行淘汰，并且不再对其进行订购，实现电子期刊的优胜劣汰。

（三）加强电子图书馆资源建设管理

1.强化资源建设规划

图书馆在强化电子图书馆建设的时候，要立足于自身的实际情况，其规划建设要从拓展性、先进性、经济性角度进行全面考量。具体主要体现在：在设计电子图书馆结构时，相关设计人员要体现出其结构设计的灵活性，为后续电子图书馆扩展升级提供保障；要想保证电子图书馆的先进性，就要积极引进当前国内最前沿的技术，选择最为优质的设备，只有增加其技术含量，才能够更好地保证其先进性；在电子图书馆建设规划阶段，规划设计者要多方面考虑，在规划设计之前，需要对阅读量、读者数量、文化素质等因素进行全面调查分析，尽可能从图书馆经济投入的角度分析问题，尽可能降低图书馆成本投入。此外，还需要注重强化国内外合作、加强多方面合作，避免资源重复建设。

2.实行资源共建共享

在电子图书馆建设过程中，要想实现数据库群建设的目标，在充分发挥图书馆自身优势的基础上，要注重联合国内其他地区、行业、系统图书馆参与到实际的建设当中，强化行业内部之间的合作。尤其在网络环境背景下，图书馆要想保证文献资源建设工作顺利推进，就要从根本上摒弃以往单一化的模式，注重开发和利用网络信息资源。网上每个成员的有用信息都会通过一定的规则在这个信息网络中传递，每个成员也可以通过一定的规则从这个网络中检索所需信息，以弥补馆藏的不足。除此之外，要想实现上述目标，图书馆除了挖掘图书馆内部优势资源以外，还要重点开发和利用地方特色资源。

综上所述，电子图书馆资源建设是一项系统而复杂的工程，并非一朝一夕的事情，而是需要一个相对较为漫长的积累过程。图书馆要意识到当前这一局势，并且在实际的建设过程中，要立足于实际情况，切勿进行盲目性的建设，要重点突出自身的优势，要注重运用网络技术，开发网络资源，为读者提供优质的阅读资源，进而实现电子图书馆资源建设的总体目标。

第三节 数字时代下高校图书馆资源建设

在当前的数字时代环境下，我们的生产生活相较于传统时代发生了巨大的变化，这对公共图书馆的建设也同样产生了影响。在此环境下，信息传播的载体也发生了改变。本节对数字时代下高校图书馆资源建设进行了一定的探讨和分析，从多方面、多角度来明确信息资源的合理建设，进而促进当前的图书馆建设蓬勃发展。

随着科学技术的不断进步和发展，现在我国的教育改革工作已经逐渐朝向更为深入的方向发展，所以相应的教育观念以及教育目标等都发生了一定程度的改变。现在教育界所注重的不再只是孩子们的学习成绩，而是孩子们的综合素养。在数字化的时代背景下，图书馆需要对阅读网络化信息服务模式进行有效创新，使其资源建设更加完善。

一、数字时代给人类社会信息领域带来的变化

（一）数字时代信息载体的变化

在远古时期，人类传递文字信息的工具是动物甲壳、贝壳等坚硬的可以刻画的载体。随着时间的推移，尤其是造纸术的发明，纸张逐渐成为传递消息、记载事件、传播知识的信息载体。但是在第三次工业革命后，人类社会进入电气时代，电脑计算机运算逐渐成为高科技发展潮流，信息载体也发生了巨大的变化。对于照片、文字、音频的记录和保存，现在大部分人都会选择储存在计算机上或互联网云盘，因为可以随时调取、容量较大，而且 U 盘、计算机等储存容器更加方便携带。信息载体的变化对于人们的日常生活，以及图书馆这种信息储存量需求较大的机构来说影响巨大。此外，随着数字时代的不断发展，信息载体的格式也出现了许多新品种。以往对于文字、数据、图片的储存大部分为 Word、Excel、PPT 格式，但是现在新的数据格式如 PDF、QLV、GMP 等不断发展应用，对于数据载体来说是又一次革新。

（二）数字时代信息环境的变化

以往的信息载体都是实物，包括纸张、树皮等，但是数字时代下，信息载体的变化也影响到了信息储存的环境。现代化数字信息的储存环境大多数为虚拟云盘、电脑，从实物环境变为虚拟空间，对于信息储存安全性的要求也出现了改变。传统的书本信息环境对于安全性的要求在于气候、实际储存仓库、人为保管方面，而现代化信息储存环境安全性的重点则在保密性技术、存储空间等方面，二者对于环境的要求不同点较多。此外，数字时代下信息的传播环境也在不断变化。新时代的信息传播具有速度快、数量多、质量高的特点，其中数量多是最为关键的特点。在网络刷新时，每一秒都有成千上万的

新信息产生并传播，且无数旧的储存信息也会随时再次出现在人们的视野中，整个互联网的信息数量极多。

二、图书馆现代化建设中存在的问题

（一）缺乏连接性较强的统一平台

根据调查发现，大部分图书馆为公有性质，私人投资的图书馆数量极少，而在公共图书馆中，大部分为城市图书馆。对于城市图书馆来说，由于是地域性的图书馆，读者大部分来自当地，也有一些图书馆明确规定只对本地居民免费开放。这些限制就会造成城市图书馆对外交流较少，缺乏与其他图书馆的资源交流互换。图书馆的大部分电子资源来自毕业生论文、教师研究成果，这些文章有保密的必要性，因此对于许多学校来说并不会拿核心资料与其他平台共享。从全国范围内来看，无论是哪种性质、哪个区域的图书馆，都缺乏一个统一交流的平台，这个平台不仅指读者交流的平台，也指图书馆管理工作人员交流经验的平台。调查数据显示，图书馆之间各自拥有独家的小程序、微信公众号等电子化信息记录途径，但是各个图书馆的平台之间并不流通，会为读者的信息注册、统计总结带来许多麻烦。

（二）网络虚拟化资源不够充足

随着信息载体以及环境的变化，在现代化图书馆的建设中，网络性质的数字图书以及信息资源较为缺乏。统计数据表明，有 54.8% 的图书馆没有网络性质的图书资源补充，一部分图书馆虽然建有网络数字图书馆，但是其中大部分资源空缺，没有实际意义。还有一部分图书馆的网络资源搭建不够完善，读者在浏览时会受到影响。目前来看，图书馆的网络化资源主要包括馆内纸质书籍的电子扫描版本、知网和维普等期刊数据库平台、图片类型的电子书等。而在这些资源中，纸质书籍扫描版本较为老旧，更新速度慢；期刊论文受来源网站的限制，一部分需要收费才能查阅；图片类型的电子书较少，种类不够丰富。电子化资源不够充足、电子图书质量较低这些问题都限制着图书馆数字化的发展，并且不利于良性信息的传播。

（三）缺乏现代化图书管理专业人才

图书管理专业属于小众冷门专业，许多大学并没有开设相关专业，因此从源头上来看，图书管理人才培养数量较少。此外，图书管理缺乏人才还体现在进行招聘时，许多图书馆在招聘时收到投递的简历较少，对于人才的挑选余地较小，且最后招聘到的人才许多并不是图书馆相关专业人才，只是属于管理类，对于图书馆的相关管理知识并不熟悉。图书馆内部的员工大多数为临时工，缺乏专业的管理技巧和能力，在进行相关业务建设时，无法提出专业的建议，对于图书馆的发展来说缺陷较多。由于图书馆的工作较为单一、枯燥，图书馆的岗位对于人才的吸引力较低，会产生许多人员离职流动的现象，影响图书馆工作任务的安排。

此外，在现代化数字图书馆的建设过程中，同时也需要高精尖的电脑技术人才来搭建网络构架，综合性人才对于图书馆来说也是必不可少的。

三、数字时代的图书馆信息资源建设途径

（一）运用互联网技术搭建云平台

针对数字时代的图书馆信息资源建设，首先，要运用到的就是互联网技术，图书馆相关技术人员可以先构建出属于图书馆的特色网站，增加用户进行书籍浏览的渠道，提供相关的网站查阅文献服务。其次，图书馆可以搭建与其他相关场馆联系的云平台，通过加强与图书馆之外的博物馆、资料室的联系，帮助图书馆的资源更加丰富多样化。如北京地区的图书馆可以与故宫博物院进行合作，将历史文物以图片展示的形式放在网站上，读者浏览才能够更加清晰。两个平台可以建立相关的网络链接，形成互通的局面，帮助图书馆和博物馆能够在资料方面做到准确真实。最后，图书馆内部可以使用员工专属的交流平台，运用云技术提取资料和读者信息，上传到平台，便于工作人员进行了解和处理。通过这些举措，图书馆的连通性大大加强，能够提升图书馆的层次，加强与外

界的新联系。

（二）加强对于网络信息资源的收集储备

数字化图书馆的一大特点就是信息储存量大，但是目前许多图书馆在此方面较为欠缺，图书种类数量少、版本老旧、电子化资源稀缺的现象经常存在。图书馆必须要重视此方面的问题，最主要的措施是加强对于各种资源的收集，建立属于自己的资料库。网络信息数量较大，图书馆在搜集时需要甄别筛选有效高质量的信息进行录入，并上传到网络资源库中。接下来，图书馆对于网络资源可以采取高效的统一编码模式，总结出查找信息的关键词、主题、作者等，帮助读者找到其需要的书籍信息资料。最后，图书馆需要加强对网络资源信息的及时更新细化，工作人员在日常检查时，对于不符合时代潮流的信息及时剔除，确保图书馆资料的时代性。

（三）引进现代化专业图书管理人才

新时代图书馆的建设，高质量的专业人才必不可少，除此之外，对于综合性人才的需求也很高。数字化图书馆平台的搭建、信息的整理搜集都需要专业的科技人才，但是对于技术性人才来说，偏向于图书管理方面的较少。因此图书馆应与高校合作，从图书管理专业挑选人才进行培训，提高员工的综合能力。图书馆还应该聘请专业的管理人员，对整个馆内的书目种类、发展目标、发展前景做出定位和规划，确保图书馆能够有更加稳定的内部管理模式。引进现代化人才对图书馆进行组织管理，可以使图书馆在数字化发展道路上有更多的创新性发展，提升图书馆的地位和作用。

数字化、科技化、网络化是未来图书馆发展的趋势。数字化图书馆能够为更多的读者带来便利，也更加符合现代化科技的要求，以更小的储存空间存储更加丰富的馆藏资料。在现代化科技的浪潮中，每个图书馆都受到了或多或少的影响，但是只要抓住机会，进行转型升级，图书馆的发展前景一定更加光明。

第四节 大数据时代下高校图书馆资源建设

本节对当前图书馆资源建设现状进行分析，提出了基于读者和资源融合、系统和数据库集群化管理以及图书馆智慧化构建体系的方向，以此充分挖掘图书馆的资源优势，提升图书馆的智慧化、个性化程度，为图书馆可持续发展提供新的深层次思路。

一、大数据与图书馆

（一）大数据概述

随着信息时代的高速发展以及网络通信技术的日臻成熟，各类数据呈现出爆炸式的增长。与此同时，大数据的概念被提出并逐渐成为信息集合的代名词。一般来说，大数据指的是不能在可容忍的时间内用传统软硬件工具和技术对其进行存储、管理和应用的数据集，有体量大、生成快、种类多等特征。大数据以超出人们想象的速度产生、发展和积累，引发了各界对大数据的讨论和研究。早期的大数据用户主要是国外的互联网创业者，他们依靠分析大数据来精心策划互联网公司及旗下产品，比如国外的 Facebook、谷歌和亚马逊等互联网公司，海量的数据集合汇集起来，通过数据的存储、开源软件的发布以及分布式计算，互联网企业从他们收集的数据中有效地挖掘了大量的数据集并提取有价值的信息。我国的大数据发展虽然起步晚些，但是发展速度快、规模大，而且在大数据应用的服务业领域现在已经走在了世界前列，比如深度挖掘潜在客户并精准投放营销广告的移动互联网金融、实时匹配用户需求的共享出行服务，都是国内大数据应用发展的典型案例。

（二）图书馆的大数据

大数据时代对数据存储、利用方式的巨大转变及其流行趋势有广泛影响，对致力于成为信息资源共享服务中心的图书馆造成了强烈的冲击。图书馆有种类多样的数据库、电子图书期刊以及音视频资源等，读者查找资源的选择变多了，但是所花费的时间也同样增加，各种资源的有效利用率也有一定程度的下降。图书馆的信息资源存在广泛的价值，但是由于资源的容量巨大而有效资源所占的比例较小，导致资源的价值密度相对较低。因此，图书馆必须深刻认识和理解大数据技术及其应用，对图书馆数据进行充分的采集、分析和挖掘，梳理出读者对信息资源的利用需求。图书馆馆员需要进行服务转型升级，将被动地满足读者需求变为主动地迎合读者需求，了解如何利用大数据深度挖掘读者需求以及引导教科研人员将大数据技术应用整合到他们的学术、科研中。在大数据背景下智慧性、个性化图书馆将是图书馆发展的潮流趋势，图书馆馆员将读者使用图书馆内资源的信息"变废为宝"，进行数据整合、分析，根据读者的个人信息和行为习惯，得出读者的潜在需求，从而向读者推送特定的内容以方便其使用相关资源。

图书馆建设要利用大数据技术的支持，大数据技术运用在图书馆的具体业务上也要进行方法创新。为了更好地加强这两个方面的联系，现从图书馆资源建设角度，对大数据背景下图书馆资源现状进行分析思考，并提出解决相应问题的思路。

二、大数据时代图书馆资源现状分析

资源是图书馆存在的基础，也是利用大数据技术进行图书馆建设的必不可少的重要因素。但是，随着信息量的倍增和种类繁多的资源的出现，图书馆在资源的发掘、管理应用以及构建共享平台上还存在很多制约大数据环境下图书馆发展的瓶颈。

（一）缺乏充分的资源使用统计和数据发掘

图书馆作为文献信息中心购买了多种类型的馆藏资源，而图书馆馆员对已购买的资源利用情况只能通过后台查看来统计各个用户的使用量情况，对不同专业的学生和教师读者使用不同种类的资源情况还不能做到准确掌握，不能通过使用情况有针对性地提高不同种类资源的利用率。图书馆馆员每天面对的海量数据以及不同需求的读者，如何掌握读者使用信息的规律，发掘各类读者潜在的信息需求，如何给读者提供个性化服务，如何给教科研人员提供精准化的学科服务和参考咨询，这些问题显得越来越棘手。

（二）缺乏有组织的资源管理方式

在资源管理方面，图书馆每天由于检索、发现、传递以及使用资源而产生大量的数据，一般情况下，读者进行资源传递、交流后留下的痕迹信息很快被遗弃。"垃圾是放错了地方的资源"，图书馆每天产生的信息也是如此。一个数据库的创建、使用不是一味地进行数据的叠加才实现的，而是通过数据之间的关联，梳理出结构性和非结构性数据，形成整体的有组织的管理方式。图书馆如何将已使用的数据进行重新整合、分析，通过对访问数据的深度挖掘与分析实现数据的回收利用，提供更加贴切、更加精准的用户需求服务，对"一切以读者为中心"的图书馆来说是体现其价值的重要依据。

（三）缺乏统一共享的信息服务平台

图书馆内普遍存在的问题是资源和系统种类繁多且关联耦合性不强，信息孤岛问题造成的管理和服务上的不便越来越明显。高校教师读者从事科研和课题研究时，学生读者在进行毕业论文撰写时，往往需要查找很多相关资料，需要使用不同的资源。但是，各种资源种类繁多，查找资源费时费力，没有一个集中的元数据集合，没有一种集中平台来实现各类资源的统一检索、跨库检索，无法提供一站式的资源检索服务平台。当读者需要查找资料时，需要分别到几个甚至更多的数据库中去登录、检索，这样大大增加了读者获取资源的时间。不便捷的读者体验也间接降低了各类资源的有效利用率，对以服务读者为中心的图书馆来说都是不利因素。

三、大数据时代图书馆资源建设策略

（一）读者和资源有效融合

对用户而言，要"按需融合"，将用户的特定需求融合到资源使用中，充分掌握读者使用资源的规律，发掘各类读者潜在的使用需求，进而给读者提供个性化、精准化的服务。比如对不同专业的学生来说，考取相应的职业资格证书对其以后就业、晋升都有很大帮助，因此以专业来区分不同需求的读者对其进行相应的资源推送，并且通过其检索、浏览相应资源的信息来挖掘读者对相关资源的掌握情况以便进行持续、跟踪性地推送。对于图书馆的资源来说，通过建立资源的元数据，对资源进行组织、加工和创新，解决资源之间的散乱和冗余问题，进而发现资源之间的潜在关联性，从而创造新的价值。

（二）管理信息系统、数据库的集群化管理

从图书馆资源管理的整体角度来说，就是构建一个物理分散、逻辑集中、共享共用的统一集群化管理架构和大数据平台，为图书馆的决策支持、信息服务等提供数据应用支撑，促进各类资源的共享、协调管理。具体实施上，可以对图书馆所涉及的所有系统进行全面的管理，解决统一认证问题，用单点登录代替烦琐的多点登录，优化用户使用流程；对全馆所涉及的各类资源建立统一的资源管理框架，形成数据索引库；对图书馆数字化资产进行全面管理，避免资源孤立、信息孤岛等问题出现，并且结合各种形式的客户端技术将全馆所有读者数据进行汇总分析，通过大数据技术加以分析利用，深度挖掘有价值的数据信息，为图书馆建设和服务决策提供强大的数据支撑。

（三）构建图书馆智慧化体系结构

大数据技术的应用就是要让读者便捷高效地获取所需服务和资源而不受时间空间限制，甚至在读者没有意识到的情况下已经获得了服务。图书馆可以通过搭建"平台—支撑—应用"三级智慧化体系结构来实现。对图书馆整体而言，搭建一个基础平台来管理和控制各种数据资源是根本，进行全馆大数据的收集并使之标准化，对各类多源、异

构数据进行有效融合，形成全面、丰富、融合的智慧化体系结构的资源基础；组合各个不同分工的子平台，提供相应的大数据分析决策、资源整合、数据仓储等系统作为支撑，负责图书馆的用户信息管理与需求预测、资源管理分析等任务；在支撑平台的数据基础上，针对具体的读者需求展开各种具体的信息服务，建立相应的个性化服务、智能搜索等应用系统。因此，图书馆智慧化体系结构应该是一种全方位、立体化的，具有主动性、人性化、个性化、泛在化等特点。

大数据技术在我国图书馆领域的发展尚处于起步阶段，并且由于学校的规模和科研水平等因素导致其在各高校的发展程度良莠不齐，但是它为图书馆的资源建设带来了历史性机遇是毋庸置疑的。未来图书馆建设面临着诸多未知和挑战，必须不断创新图书馆的服务和技术，以大数据应用来推动图书馆新发展呈现新亮点，这也是大数据时代图书馆建设的研究热点和方向。

第五节 纸质期刊促进高校图书馆资源建设

纸质期刊是图书馆重要的资源之一，具有时效性、信息量大且新颖、出版量大的特点。随着互联网时代的到来，越来越多的用户选择电子期刊，但是纸质期刊有许多电子期刊不能替代的优点，所以图书馆要加强对纸质期刊的收录。本节主要介绍了纸质期刊的特点、电子期刊对纸质期刊的冲击和当前图书馆纸质期刊的现状，并提出了几点提高纸质期刊利用率的建议，希望能通过提高纸质期刊的利用率促进图书馆资源的建设。

图书馆是学生能接触到的拥有最全面的学术资料的机构，而纸质期刊是通过文字传播学术信息的重要文献，对学生的拓展阅读和教师的科研工作都有重要的辅助作用。信息化时代的发展导致了纸质期刊的式微，但电子期刊的阅读不能满足深度阅读的需求，所以图书馆要做好纸质期刊的收录和管理工作，丰富其馆藏资源。

一、纸质期刊发行与图书馆资源建设现状

（一）纸质期刊的特点

互联网时代，纸质期刊的优缺点都十分明显。优点是纸质期刊出版迅速、不受设备和技术的限制；阅读过程中读者还可以对其进行勾画、在空白处做笔记，可以满足人们一贯的阅读习惯；纸质期刊是经过专业人士的审核和专业编辑的校对之后出版的，内容更精确，不易出现错误；由于电子期刊发展的时间较短，有很多专家学者并不信任它，许多人更愿意把作品发表到纸质期刊上，纸质期刊的权威性大于电子期刊。但是纸质期刊的缺点也有很多，一是时效性不强，纸质期刊可能会由于快递和发行延误等原因造成期刊的更新速度慢和缺期；二是图书馆要求纸质期刊不能外借，给用户造成了很大的不便；三是图书管理员的失误也可能造成纸质图书的损坏、缺失。

（二）电子期刊给纸质期刊带来的冲击

电子期刊首次出现于 1993 年，随着计算机技术和互联网的迅速发展，图书馆馆藏期刊资源中电子期刊已经占据了半壁江山且呈现不断增加的趋势，这给纸质期刊带来了很大的冲击。电子阅读的普及给电子期刊的发展做了很好的铺垫，读者已经习惯了电子阅读的方式，越来越多的用户通过互联网访问图书馆的电子期刊，这种快捷方便的方式使纸质期刊的利用率大幅度降低。据调查，我国国民纸质图书阅读量十年内下降了11.1%，而电子读物的阅读量则增长了33%，由此可见，电子阅读正逐渐取代传统的纸质阅读，期刊也不例外，"无纸化阅读"使纸质期刊的阅读量越来越低，从而导致图书馆不断缩减纸质期刊的订购量，这又进一步推动了电子期刊的发展。可以说，传统纸质期刊阅读量下降已经不可避免，电子期刊的兴起和爆发式增长不可避免。

（三）图书馆纸质期刊综合现状

图书馆几乎每一个教研室和实验室都配有计算机，学生和教师可以通过互联网访问校内图书馆的数字资源，比到图书馆借阅纸质期刊方便得多，而且图书馆的纸质期刊几乎不开放借阅，图书馆中收录的许多实时报道、文化娱乐、科学普及之类的纸质期刊比同类的电子期刊更受欢迎，但图书馆不开放借阅的规定使许多读者更愿意选择电子期刊。现在大部分高校都购买了电子期刊数据库，通过校园网或学生的个人账号即可登录并自由下载文章和期刊，与纸质期刊相比，电子期刊数据库查询期刊更方便。纸质期刊的利用率虽然低，但大多数图书馆还是没有停止订购，这是因为电子期刊数据库发表文章有滞后性，而且很多学术期刊没有被收录到电子期刊数据库中，而电子期刊数据库中的期刊文章纸质期刊中都有。电子期刊和纸质期刊数据的重叠还导致了图书馆订阅期刊有重叠的现象。经调查，从各图书馆图书借阅的发展情况看，学生和教师出入图书馆已经有下降趋势，现在的图书馆更多起到的是自习室的作用。

二、提高图书馆的纸质期刊利用率

（一）提高纸质期刊订阅质量

每次订阅纸质期刊时，采编人员要询问各院系老师和学生的意见，或采编前下发调查问卷，对老师和学生推荐较多的期刊进行审核，选入采编目录中，还要对往年订阅的期刊进行筛选，老师和学生都不推荐或阅读率持续走低的期刊从采编目录中删除。采编目录的选定标准根据学校的基础学科、一流学科、专业设置、新增或取消的专业制定，要做到基础学科的材料都包括、重点学科的资料多采集、完善基础学科和新增学科的期刊收藏量、提高重点学科专业的期刊量。据调查，图书馆中的科普娱乐期刊受到广大学生和教师的喜爱，阅读量也很高，所以图书馆不仅要订阅学术期刊，还要适当订购一些科普娱乐性期刊，使图书馆馆藏尽量满足学生和教师的所有需求。电子期刊不断增长的趋势是不可逆转的，所以在订阅纸质期刊时，要注意适量订购与电子期刊数据库资源重叠的部分期刊，使纸质期刊的量既可以满足部分学生和老师的需求，又不会因为与电子期刊数据库有重叠导致纸质期刊利用率太低。据调查统计，各高校学报、自然科学类期刊、学术类期刊基本上都能在电子期刊数据库中下载阅读，社科类的期刊则较少，所以图书馆在订阅纸质期刊时，要把电子期刊是否在数据库中作为参考因素，多采购社科类和综合类的纸质期刊，适量采购自然科学类和学术类的期刊。另外，各高校可以组织一个权威机构，研讨图书馆如何全面完整地保存纸质期刊，如何突出本校图书馆的特色，各图书馆还可以通过此权威机构进行馆藏期刊资源的交换和共享，实现期刊资源利用最大化。

（二）提高管理水平

图书馆的管理主要在于馆藏结构和布局、检索系统和借阅规定三方面，建立科学合理的期刊馆藏结构和布局就要求图书馆根据学校专业和学段的不同对馆藏纸质期刊进行分类，如按照期刊自然科学、社会科学、计算机科学等类别分别设立不同的阅览室，或按照学生学习专业课、准备考研、准备创新实验等阶段分别设立不同的阅览室，注意按照文、理、工、农等学科安排阅览室。图书馆还应引进先进的计算机检索系统，使读者能快速找到自己需要的期刊，这种系统还便于图书管理员的管理，提高他们的工作效率。图书馆可以改变原有的纸质期刊不开放借阅的规定，允许读者借阅期刊并带出图书馆，这样可以提高读者对期刊的利用率。可以通过限制借阅时间、建立诚信系统的方式对读者进行约束，防止出现有借无还的现象。

（三）提高图书馆管理人员的综合素质

图书馆管理人员是读者与图书馆书籍之间的桥梁，图书馆管理人员要服务广大师生，在新的管理制度下，图书馆管理人员也应该改变原有的服务方式和服务理念，以新的服务方式和更主动的服务态度帮助广大师生找到期刊资源、做好期刊的推广工作，图书馆管理人员还要提高自己的文化水平和自身修养，对于图书馆内数字检索系统也要熟练运用，只有不断提高自己的综合素质，图书馆管理员才能给读者提供更好的服务，使纸质期刊能被读者利用发挥其价值。

总而言之，纸质期刊是高校重要的科研资源，对高校师生有重要的作用，虽然互联网时代的发展使电子期刊走进图书馆并迅速传播，但是纸质期刊仍然有不可替代的作用。在互联网时代，图书馆应做到电子期刊与纸质期刊并重，打造两种形式的期刊优势互补、长期共存的未来。面对纸质期刊使用率低的现状，图书馆应提高纸质期刊的订阅质量和管理水平，图书馆管理人员也要加强自身综合素质，使图书馆从馆藏资源到服务水平都有较大的提升。

第五章 高校课程建设

第一节 媒介融合与高校课程建设

当前，教育事业同社会经济发展、社会环境和人类进步一样，面临着迅速的变革和巨大的挑战。在这些变化与挑战中，信息技术是较为重要的影响因素之一。尤其是日新月异的科技因素进一步推动了媒体融合的产生与发展，从而加深、扩大了信息技术的影响。而媒介融合也使高等院校教学工作陷入了困局，既面临着新的机会，又遭遇了巨大的挑战。

一、媒介融合建构全新教育发展模式

在人类发展史上，生产性一直是经济与社会发展的最基本、最直接的推动力，哪怕是现在也不例外。但历经了数千年的发展，生产性的内涵已经出现了革命性改变，生产性已不再是体能劳作的代称，所有脑力劳作、技术、注意力、资讯等都变成了生产性，而信息的意义与影响就如同核武器一样重要。"媒介融合是在现代数码信息技术和互联网技术发展的大背景下，以网络信息消费终端的需要为导向，经由内容融合、网站融合和终端融合而形成新的媒体形态的深化过程。"

媒介融合不仅是一种社会传播问题，而且已经深深地植入经济社会的各个领域并产生了巨大的社会影响，主要表现在：媒介融合不断促进了民主政治进程，催生了扁平型的社会民主模式，日益丰富了底层受众的信息接收和反馈途径，但也增加了局限性；媒

介融合作为经济社会发展的重要推动剂，人们所看到的将不只是传统媒介组织的重构、发展，而是财政资源的重新分配，人们同时也发现了实物金融和网络金融服务之间的共生关系，如网络交易、移动终端交易等；媒介融合将进一步催生技术创新，既给予受众便利的应用感受，也给以充分的安全保护，传受双方对信息技术的依赖性将日渐增强，同时也意味着互联网社会破坏力的进一步提高；媒介融合重构了人才分布，涉及技术的研究开发、企业核心管理队伍、专业的产品队伍等，凡是与媒介技术关联较密切的行业、产品，对人力资本的需求也就越来越高；而相关法律的完善显然滞后于媒介融合的发展进度，立法空白较多，也是媒介融合的发展机会，但挑战与阻滞同时也是不确定因素，如互联网支付管理引起的互联网社会讨论说明了媒介融合所面临的法律规制难题。

二、中国大学现代媒介素养与基础教育课程体系的构建

（一）明确传媒教育的最终目标

凡事预则立，在高等院校内开展大学生媒介素养教育，首先就必须明确育人的最终目标，这是在高等学校内有效开展媒介素养教学的必要前提条件。不管在什么教育领域，教育机构都以塑造出一位有着科学的世界观、人生观、价值理念的社会公民为主要目标。所以，学校都必须制定切实可行的媒介素养教学的基本目标与原则。

（二）媒介素养课程设置创新

培育所有大学生自身的新闻媒介文化素养是全社会的重要责任，是各院校义不容辞的义务。所以，学校应把所有大学生视为新媒介素养课程的重点教学对象，把该教材作为学校的通识教育必考科目，并根据大学生自身的特点，以及"互联网+"时代的教育特点设置课程目标，选择教学模式，创新课程内容。

（三）媒介素养课程内容的创新

媒体素质教育课程虽然是新闻传播专业的必修课，但也适合于其他学科，主要分为

对媒介素养知识的讲解与对实际操作能力的培训两部分。

在讲解媒体素养的基础知识时应结合大量案例，以教会学生思考并剖析媒体消费习性，从而剖析媒介把关人发布信息产品的意图与目的，明确传播观点以及影响听众反应的各种制作技法。教师通过案例介绍新媒介信息报道的方法与技巧的形式，检验与评估新媒体信息阐述观点的品质，以便达到鉴别传播内容的目的。在对新媒介信息的掌握上，教师要使学生了解大众媒体工具和学会运用大众媒体工具来实现个人表达与沟通的目的，从而掌握相应的经验。

与专业课程打通，使基础知识和实际操作相互融通。笔者以为，高等院校应该在教学资源条件允许的情况下，设置媒介素养的必修课，使所有学生都可以分享到教学的成功经验。又或者，把媒介素养教学的内涵渗透到已有的教学之中，比如融入普通大学生的必修课（思想政治理论课、创新教育课等）。在思想政治理论课的教学中加入传媒素养的有关内容，在课堂教学中增加对新闻资讯的选择、理解等方面的课程，既能充实高等院校思想政治教育教学内容，又能提高教学的趣味性与吸引力。

媒体素养教育课程是一个强调教育实践性与能力的课程，在媒体素质能力的训练上，将根据学生的实际情况着重训练学生处理信息的能力，包括对信息表现形式和传播方式等的综合分析能力、判别信息真假的能力以及准确评估信息发出人的意图的评价能力，以期在传播者与听众两个身份中实现自由切换。我们可以采取"走出去，请进来"的创新学习办法，"走出去"是指除去授课知识以外，将电影课程、新闻分析课、户外实地媒体制作等教学方式融入其中，实现理论知识与实际紧密结合，用理论引导实际。"请进来"指的是学校聘请大众媒体的精英走入学校，开展现场教学，这样更能提高知识的实用性。

（四）学校媒介素质培训项目的教学方法

在"互联网+"时代，当代大学生怎样做好媒体信息的主人而不是奴隶，以及怎样让信息为我所用而不是随波逐流是现代大学媒体素养教学面临的迫切任务。因此，高校的新媒体素质教学必须强化课程体系的系统化建设，并逐步推进新闻学科建设，以实现使大学生更好地了解媒体、提高信息分析能力的目的。

三、媒介融合下课程制度重构的可能性

为了让教学内容在媒体融合环境下进行高效传递,需要建立适应媒介融合的教学管理体系。

第一,要创新或者打破旧有的课程体系理念。就信息传递的历史来说,人们进行信息传递既是为了沟通,也是为了传递思想。通常认为,人际传播是双面循环模式,大众传播是单面线性模式,网络传播则被视为重回双面循环模式,但与人际传播并不相同。人际传播的双面循环模式主要是指见面交换,而网络传播的双面循环模式既包含见面交换,也包含非见面交换或不出场交换,因而也只能说明网络传播模式既受到了人类社会思维模式的影响,又直接影响了人类社会思维模式。高校课程体系也是自学校建立以来通过漫长的时期逐渐形成和发展的。在欧洲的神学思想统治时期,以《圣经》等内容一直占据着欧洲高校必修课的绝对地位,谷登堡的印刷术革命使教学内容的信息量逐渐增加,从而弱化了课堂口语传播的能力,而电子革命则在逐步增加课堂数据信息量的同时变化了教学内容的展现形态、信息资源种类和传播方式等,促成了电子革命的继续发展与推进,媒介融合则在保持上述特征的基础上使教学内容、展现形态、信息资源种类、传播方式等方面趋于交叉、走向融合。所以,革新或者打破传统的教学体制理念,建立适应媒介融合的学科体制理念远比建立一个具体学科管理制度重要得多。

其次,课堂管理制度是一种意识形态的表现,缺乏具体措施支撑的价值观是毫无意义的。"规章制度的理念化并不代表着规章制度只能是一个理念,相反,规章制度的理念化为人们未来实际活动提出了一个坐标系,而通过这个坐标系,具体的实际活动都会在这里找到适当的定位。"媒介融合下的教学制度将呈现更加复杂的教育价值观,既要延续传统教学价值观,又要凸显媒介融合反映出的开放、资源共享等创新价值观;既要确保教师课堂建设的自觉性和创造性,又要培养学生参加教师课堂建设的主动性和创新性。

最后,媒介融合可以使课程信息轻易地被复制和获取,但同时又使课程交易的可能性大大提高,任何受众都可以缴费学习哈佛、耶鲁等全球名校的网络课程。媒介融合也使得教学符号的运用产生了多元化趋势。传统教学中,课本等纸质媒介仍然是可见型教

学载体，这部分被学生占有并计入教学成本；而在媒介融合下，部分教学材料已经不再被学生占有，向学生收取成本费用也不再合理，减少了学生的经济成本。媒介融合下的课程制度的发展绝不是单用几行文字就能体现课程的价值观和核心理念，而是需要通过实践，尤其是运用媒介融合的技术和力量来保证理想的实现，所以在机制上保证学生和教师获得持续提高课程融合技能的机遇和力量才是媒介融合下课程制度发展的根本。

总而言之，媒介融合将变革教育社会发展模式，对所有学校课程相关者——学校、老师、学生所属主体思想和制度——都造成极大的冲击与挑战。而在这些冲击与挑战中，学校课程制度和媒介融合之间则是一种制约和反控制的关系，必须冲破固有思想与制度的控制，才能使媒介融合下的学校课程建设持续开展。

第二节 高校课程建设与人才培养模式改革

在高等教育大众化政策的背景之下，各地教育规模逐步壮大，高等学校也逐渐迈入高质量、增效益的发展新阶段。而高校的转型发展需要经历教学理念、学科专业、培养模式以及课程体系等的重大转变。其中，最核心的环节就是教育课程体系的转变。在人才培养方面，各高校以培养应用型人才为主要目标，并围绕这个目标实施教学改革。各高校应用型人才培养的方向有所不同，有的偏重于理论基础，有的偏向实际技术。学校应当基于社会主义市场经济对人才的要求，在利用现有教育资源的基础上，对人才培养领域进行进一步细分。

一、对应用型人才分类培养的内涵和意义

（一）应用型人才分类培养的内涵

根据学位级别、学科领域、教育背景等要求的差异，社会人力资源可分成专业型人才和技术应用型人才。通常来说，专业型人才偏向于把科学技术领域中的客观规律性转化成科学技术原理，而技术应用型人才则注重于把科学技术原理运用于与日常生活有关的实际生产实践之中，并为社会谋求最大利益。由这一点可知，社会上绝大多数的人力资源都是技术应用型人才。但技术应用型人才又包括了不同层面和形式，根据其在实际生产生活中解决问题的复杂程度和创造性程度，可分成工程类人才、科技型人才和技术型人才。工程类人才主要依靠其所熟悉的工程学科基础知识将科研原理转变为设计方案；科技型人才培养主要承担生产的设计研制、管理与决策等工作，并把设计方案转变为产品设计；技术型人才则主要依靠他们所熟练的专业技能进行产品的设计制造。这三个不同类别的技术应用型人才在基本素质、专业知识和创新能力等方面都具有不同特点，因此在人才培养上又各具特色。

（二）应用型人才分类培养的意义

1.地方经济社会发展的需要

由于区域经济的不均衡发展，高校人才培养的目标和经济与社会需求之间产生了脱节现象，与市场发展不相协调。市场经济的发展对专业型人才培养提出了不同的要求。对应用型人才进行分类培养，可以适时构建与地方经济发展和产业转变相适应的培养方案。只有使人才培养过程与地方经济发展和产业转变与升级过程相互融通，才能够实现对学以致用的应用型人才的培养。

2.基于学生就业的客观需要

随着中国高等教育逐步迈入大众化教育阶段，市场对人才培养标准也有了全新的要求。对应用型人才进行分类培养，直接与市场和产业相对接，将增强应用型人才的就业

实力，这也是中国教育大众化从扩大规模向提高品质转变的必然选择。

3.有利于学生的个性化发展

在分类培养的过程中，学生可以通过对本专业的工作岗位、发展走向的认识，规划自身未来的职业发展道路，这也能够促进并提高学生的专业兴趣，调动其学习主动性。同时，分类培养也将给教师与学生更多的选择权，教师可以自主确定教学内容，学生可以自主选课，而这些更加人性化的课程体系也可满足学生的个人发展需要。

4.转型高校人才培养的目标定位

高等学校对人才培养目标的合理定位是高校存在和发展的关键，唯有通过科学方法进行合理定位，并形成科学的人才培养目标，学校才能充分调动自身资源优势，合理使用教学资源，减少无序竞争，提高教学资源的整体使用率，从而真正实现符合经济社会发展趋势的人才培养目标。

二、转型高校课程设置应遵循的原则

课程改革在广义上即规划或调整课程体系，因此在学科变革中最为关键的两个方面就是课程体系设置和教学内容变革，但这两个方面均须以培养目标为基本出发点。转型高校在课程设置时应坚持如下原则：

一是完整性和多样性原则。转型高校的专业结构要根据院校的整体实际情况做出调整规划。而由于我国高考制度的变化，学校招考模式也逐步呈现多样化的发展态势，生源结构也随之呈现了多样化的特点，所以有必要对不同学习背景的学生予以了解，因材施教，并根据不同生源的情况构建差异化的培养方案。

二是实践性和应用性原则。应用型大学的课程设置应围绕科技理论应用与工程技术实际，即通过课堂教学，让学生把所学理论运用于具体的生产之中。所以，分类培养时必须正确处理好理论和现实之间的关系，协调好基础知识传递、能力训练与素质提高之间的关系。在学习基础知识的前提下，着力加强对学生素质的培训，利用校企合作平台加强对学生职业能力的培训，以提高他们的品德素质、职业道德、工作协调能力和社会责任意识。

三是时代性和适应性的原则。科技的迅速发展带来了教育理论的创新和思维方式的转变，同时客观上在学科设置方面给转型高校带来了新成果和经济社会发展实践中的前沿技术，并对转型高校的学科设置提出了新的、更高的需求，所以，转型高校必须及时开发新学科，并按照经济社会的发展需要和地方发展特点灵活设置新学科，使之更好地服务于区域经济发展。

三、转型高校课程建设的现实局限性

转型的目的在于为我国经济的蓬勃发展培养专业人员，但因为培养的目标不同，人才培养方式和学科设置也就不一样。随着经济转型的纵深推进，以下现实局限性也逐步凸显。

（一）课程设计理念与执行力的差距

当前，转型高校在课程设计中过于强调对学生进行专业知识的传授，却忽略了对学生未来职业素质与基本职业能力的训练。这些现象并不仅仅存在于基础理论课之中，在实验课中也出现了，这些不利于学生主动学习能力、科技应用能力和创新意识的养成。同时，在执行层面，因为实验与实践在环境、经费方面受到制约，学校不得不采用较为落后的实验设施，这也就无法适应科技发展的实际需要，因此最后培养出来的学生虽然理论知识基本坚实，但综合能力与素养却较差。

（二）学科体系之间存在冲突

学科体系的建设旨在解决两个方面的问题：一是实现培养目标所要求的教学内容；二是各学科在教学内容上的协调和连接。目前，转型高校的学科体系设计过于注重基础理论教学，在学时设置上严重超过了实际课时，而通识教育课与各个学科之间无显著差异。这样的学科设计使得学生将更多的时间与精力投入到基础理论的学习中，从而减少了实验时间与实践机会。

（三）教学方法较为单一

当前转型高校的上课方式以讲授为主，较少使用案例教学或尝试其他的教学方式。教师和学生之间缺少有效的沟通与交流，课堂以教师为中心，而学生在课堂中的参与度较低，使得学生觉得教材上所授内容与实际距离太远，学习积极性不高，从而难以达到较好的教学效果。

（四）课程考核与应用结合不够

目前转型高校的教学考核手段相对简单，多采取考试、上交论文以及汇报的形式。这些方法过于强调对基础知识的考查，无法全面反映学生对所学专业知识的掌握情况，一方面，无法全面、客观地考查学生对专业知识的运用能力；另一方面，忽视了对学生技术运用能力与创新能力的综合考查。

（五）教学团队实践经验不足

转型高校缺少"双师型"教师资源，不少教师缺乏企业从业经历，同时又没有工程操作等科研经历，这也造成了教师实践经验和实际技术能力普遍不高的情况，无法担负起对各类技术型人才进行培养的重担。

四、转型高校课程建设的改革策略

（一）重构教学考评标准，强调教师应用创新能力的考核

变革分类培养的课程教学方法，对评估系统的变革也是不可或缺的。而教育过程中课程目标和预期效益的实现都必须通过对教学过程的评估来完成。在分类培养教学模式下，对考评方法也需要进行分类，因此，在设计评估环节时要注重将教学模式区分为不同的类型，并根据不同类型的教学模式提出具有不同侧重点的评估指标。另外，还必须

强调对教学过程进行多阶段评估。因为单纯的考评方法无法增加学生对课堂内容的关注程度，教师的准备工作也难以做到充分，从教学中获得的利益也难以实现最优化。这就需要设计合理的考核制度，并强调全过程考核工作，如对学生出勤状况的考核、合理布置课堂作业和检查教学成绩等。

（二）进一步优化专业教师队伍，提升教师的能力

首先，转型高校要培育"双师型"师资队伍，除进一步培养教师的实际创新能力外，还应多引导教师参加课题的研发工作，多到重点企业开展研究工作和参与企业技术培训，以逐步丰富教师的行业工作经历。其次，除聘请知名企业的工程师或科研人员来院校授课外，还可采取校企合作的方式建设企业实践教育基地。最后，学校要进一步加强师资培养，鼓励年轻教师深造，举办教学大赛，完善师资奖项管理制度。师资培养应努力提高教师的学科素质与实际创新能力，使教师更积极主动地投入到课程变革之中，从而形成推动社会主义转型大学课程建设实质性改革的主体力量。

（三）文理渗透，培养创新精神

创新型人才培养的最主要前提，是学校对创新精神的培育。一切科技的发展都依赖于科研求真的执着、探索的精神以及永不言败的品质，而敬畏人生、关心社会、勇于献身以及敬畏科学伦理的人文精神也同样不可或缺。所以，创新性的培养并不仅仅强调对学生的科研精神和科学能力的培养，还必须进一步培养学生的人文精神。

综上所述，转型高校在课程建设方面还存在着不少问题与挑战，而调整培养目标则是高校应对新时代挑战的重要举措。厘清课程目标，调整课程内涵，革新教学方法，重构学科考核标准，优化人才队伍，构建与国家分类培养目标相适应的全新课程模式，培育符合经济社会需要的高水平人才，是转型高校发展的必由之路，也是高校进一步增强综合竞争能力的强劲助推器。

第三节 基于完全学分制的大学课程建设

高校培养目标的达成，不但需要以科学合理的人才培养制度为载体，同时需要相应的教育教学管理体系为保证。从国外高等学校的发展历史和经验来看，学分制教育是高度符合建设创新型人才社会要求的一个科学合理的教育管理体系和培养制度，同时也是在发达国家高等学校中广泛实行的一个教育管理体系和人才培养制度。中国自改革开放以来，教育制度从传统的学年制向学分制渐进改变，其间经过了恢复发展、徘徊停顿、全面推广、暂停反思、全面施行和深化改革等五个主要历史发展阶段。《关于加快建设高水平本科教育 全面提高人才培养能力的意见》已把学分制的实施视为中国高等教育未来深化与综合改革的关键内容之一，并明确提出要深化和健全学分制，实行弹性学制，推动文理融通。推进高等教育体制改革核心任务是改变培养机制，重视学生个性选择，引导学生个性自由发挥，以不拘一格培养人才。本节系统总结了中国高教学分制改革的基本步骤及其相应的经验教训，总结了当前学分制实施过程中所遇到的难题与困惑，系统总结了海外及先进地区高教实施学分制的经验，对于进一步完善中国高教学分制以及培育创新型高层次人才，有着重大的现实意义。

一、学分制的内涵和制度体系

（一）内涵

从各国在学分制及其相关理论研究与实验领域所取得的成绩中可以看出，学分制作为一种教育制度，是人才培养制度的一个主要组成部分。从狭义的角度看，学分制的基本含义就是以学习者所获得的学分为评价其学习进行状况的基本依据，并据以实施相应的管理。通常，学分制原则上不做修业年限的明文规定，学生如果成绩合格即可获得规定的学分，且各个学科的每一学分相对的价值相同；而学生所取得的各个课程中的学分总和即为总学分，学生如果达到规范的总学分即可毕业。

（二）制度体系

从广义的角度看，学分制也是一种相当复杂的教育机制系统，除以狭义上的学分制为核心内容以外，还包含弹性学习制度、自由选择课程机制、绩点制度、导师制、多头循环的教学组织机制以及其他相关支持机制等。

1.狭义的学分制

学分是反映学生学习量的基本单位，也是学生成功掌握某一专门学科成果的重要证明。为方便统计学生取得学位所必需的学习量，并且可以在学生转换院校或学科时判断之前的所学数量，逐渐产生了这种统一反映学生所学数量的标准单位，即学分。由此可见，狭义的学分最初是为应对自由选课制而形成的，从而解决了学校对学生选择不同科目、门数课程时所学数量进行统计的计算问题。

2.弹性学制

弹性学制，即学校对读书时限不做严格的规定，学生能够按照自身的兴趣、喜好、时间等进行个性的学业规划，只要修满学校规定的学分就能够毕业，而其中修业时限则能够按照个性的修读学分状况减少或增长，或者能够在中途暂停学业去工作或者创业。

3.选修制

学时制是因选课管理制度的逐步发展与完善而形成的。所谓选修制，是指允许学生自由选择所学的课程、学科，也叫作选择课程管理制度、选科管理制度。选修制经过了由只允许自由选择课程到逐步可以自由选择学科的发展过程。由此可见，自主选课制度是大学学分制的核心与关键。在大学课程选择方面，目前主要有独立选课、半开放式选课、主辅课程并行选择以及小组选课等几种模式。目前，欧美国家高校最主要的课程选择模式是小组选课。

4.绩点制

所谓绩点制，实质上是一个兼顾考核学生学业成果与教师学术品质的综合评估标准体系。一般来说，中国高等教育所实行的绩点制除明文规定了各门学科成绩的权重系数以外，还明文规定了根据绩点制核算出的学生学业成绩分为必修课绩点、学年平均绩点和总绩点三级。在这里，必修课绩点是各门学科的学生实际成绩乘以一定的权重系数所算出的总分值，学年平均绩点则是指每个学生在各学年内所学专业课的平均数绩点分值，总绩点则是指每个学生根据权重系数对毕业生全学程的学业成绩加以综合折算后得到的毕业成绩绩点分值。

5.导师制

所谓导师制，是指实行学分制的院校规定由院系为学生配置指导老师的机制，其目的是降低学生在挑选专业和课程时的盲目化，有助于学生按照自己的实际状况科学合理地挑选专业领域和课程，以便于建立科学合理的专业知识架构系统。而一般来说，学生一旦步入高校，所在院系就会为其配置一位指导老师，以协助其随时掌握所要就读专业的特色、发展动向和社会要求以及专业框架系统和选修学科之间的联系。比如，美国高校的学生指导教师一般可由博士、副教授和高级讲师等担任，通常每个教师可以辅导 10—20 名学员。同样，近年来，国内部分院校开始规定学生每学期均需要在咨询导师或得到认证后才可选课。

6.多头循环的课程安排机制

要保证学分制的正常实施，还必须形成多头循环的教学制度——每门课都要安排不少于两名以上的教师在不同的时段提供相同的教学，而且在一个学年里每一课时都可进行多个循环上课，以尽量避免学生因择课时机和排课时间衔接不上而选择不想选择的课，从而让每名学生都能选择到自己最想要学的课。

7.其他配套的支持制度

学分制的实施还必须形成各种相应的保障机制，包括课程重修机制、高校之间的学分成绩相互认证与交换机制、高度信息化的学籍管理体系、自由弹性的入学与毕业机制、以学分为收费单元的收费机制、图书室等学术资料的公开机制以及用餐与宿舍管理制度等。其中，学分成绩相互认证制度应包括高校间和高校内部的学分互相认可。

二、促进中国高等教育实行完全学分制的思考与措施建议

（一）宏观方面

1.更新教育理念

中国传统的高等教育理念侧重于对学生进行经验传承和道德教导，忽略了对学生的自由人格、自立奉献精神和创造意识的培育。新中国成立之后，中国的经济经历了曲折的发展过程，国家对高等教育资源的投入严重滞后于社会大众对高等教育的需求，而人口的快速增长更加重了优质高等教育资源的匮乏，从而导致传统应试教育思维一直处于主导地位。因为学生个体的个性发展和自主独立能力的养成需要从早期教育阶段入手，在高中的低年级阶段基本实现，所以可以说应试教育不利于学生个人发展和自主独立能力的养成，进而使得高校不具备全面学分制中所需要的最基本的独立性才能，从而使得全面学分制无法有效实施。所以，为了推进中国高等教育实现全面学分制，不但整个高等教育需要改变教育观念，而且整个社会教育阶段都要不断更新教育观念，以便于在高等教育阶段中切实建立起"在传授知识和进行品德教化的时候，更注意开发学生的人格个性并且培育学生的自主和独立精神"的新教育观念。

2.健全法制基础，拓宽普通高等教育的办学自主权

基于进一步扩大高等教育办学自主权的需求，必须及时修订我国的《高等教育法》，为实施全面学分制教育提供更完善的法制基础。首先，逐步废除我国对高等教育修业年限的严格限定，从立法的角度让全面学分制取代学年制成为可能。然后，逐步放宽我国在高等教育的学科设置、入学招生、费用缴纳、毕业证书颁发等方面的限制或审批规定，以推荐或指导性规范或方法代替现有的政府法规，以便使高等学校可以按照自身的定位

和特点及在校生所修学分的实际状况，自行决定在高等教育办学过程中所面临的具体事务，从而切实地掌握高等教育办学自主权。最后，我国高等教育行政主管部门还可委托独立的第三方教育评价组织，根据国家部门推荐意见或指导性规范或方法对高校的办学状况实施监测与评估，并向社会公布评价结果，以便更科学合理地指导院校的办学方向和学生的报考情况，以推动高等教育办学水平与管理水平的持续提升。

3.改变对高等教育的财政投入体制

改变对高等学校的财政投入体制，逐步以项目计划制度的资助方法取代目前的以人头为基础的年度资助方法。我国应先按照各高等学校的总体办学规模及其运行与管理的项目核定高等教育财政支出基数，而后按照年度预算数并根据财务增收、年度物价指数等决定各高等学校年度具体的高等教育财政支出资助金额；其次要形成引导社会力量投入和捐赠教育事业的激励机制，比如可根据非营利组织的财务规定政策的调整，强制其每年按比率把总收入的部分捐赠给所在地的高等院校。

4.健全人员聘用和户口办理等有关配套措施

国家还应当制定并完善与完全学分制相适应的人员录取和户口办理等方面的配套规定。首先，各级政府各类人事管理机关要改变一直沿用的在固定期限内录取高校毕业生和办理有关人员登记的方式，形成按照用人单位的工作要求和高校毕业生的具体毕业日期，随时、灵活受理有关毕业派遣等人员录取登记的新制度。其次，公安部门也应为毕业生的入校、毕业离校时间等设立随时受理相应的户口调入、转出登记的门户或公共服务网络平台。更为理想的情况是，进一步推行国民待遇政策措施，如对于拥有研究生以上学历的高校毕业生应解除户口限制，使高校毕业生在同一个地区上学、就业时只要具备法定的中国公民身份，并按时交纳相关税费就能够获得本地的住宅、教育、就医等优惠。

5.统筹建立院校间的学分交换与互认制度以及转学和转专业制度等工作机制

目前，全国高校间的信息仍然比较闭塞，跨校间的交换学分、转学和转专业等仍难以实现，这就限制了完全学分制的开展。所以，地方政府与高等教育主管部门应当在充分考虑高等教育公正与社会公平的前提下，根据完全学分制的规定内容，对各个院校间学分互认、交换和转学的制度规定等加以整合、协调与规定。

（二）微观方面

1.尽快实施大类招生

全面学分制中最重要的机制，便是允许学校自主选定专业领域和学科。但在现阶段，不管是从宏观经济领域方面还是从微观研究领域方面，高校都难以实现自主选定学科，所以建议高校先依据国家现行的学科专业目录，经过科学整理后对各院校相近领域及有关学科实行大型合并计划，尽量在试验研究的基础上逐步拓宽录取的范围，以便为实行全面学分制提供必要条件。经过大类招生入校之后，新生在一、二年级首先掌握人文社会科学、自然历史等相关方面的基本科目，在对学科发展以及社会实际需要有了较为成熟和稳定的了解以后，可在二年级之后依据自身的兴趣爱好做出专业选择，继而开始专业知识的学习。

2.科学建立教育业绩考核的指标体系

高校尽管担负着科研、社会公共服务等任务，但人才培养始终都应该是高校的首要工作，是最基础和最核心的任务。所以，高校对教师教育工作绩效的考评应该有所改变。应将教师的教学水平、教学质量、教学效果及其对教育工作的投入程度当作考评的重心，并在教师绩效考评中赋予较大的权重；同时，把教师工作绩效考评指数当作学校各种工资与荣誉考核中的重要绩效指数。唯有如此，才能引导教师把更多的时间与精力不断地投入到学校教育工作中去，更加注重教学质量的提升；才能有教师乐意多开选修课、多开专业前沿与交叉专业的必修课，以满足实行完全学分制过程中学生对选修课程数量与品质的需求和学校对选修内容的个性化要求。

3.加强教学管理队伍的建设

实行完全学分制和与之相配套的自主选课制度、弹性学制、灵活多样的专业转换制以及学分互认交换制度等，不但会使学校的教学管理工作量明显增多，也会使学校教育的管理更具重复性、政策性和专业化。这就对高校教学管理队伍的整体素质提出了更高的要求。所以，高校要根据教学管理工作队伍中普遍存在的人员编制不够、教师业务素质不够高等问题，认真做好教学管理工作队伍的整体建设。

首先，要完善校级教学管理机关的设置，将教务处所属的主管教育工作与管理工作的相关科室升级、扩容为隶属于高校的教育工作管理中心；同时，提高学校一级专职教育管理者的职位数，为各系和教研组至少设置一名专门的教育秘书。

其次，要确定教育运行管理岗专业技术聘任要求，从专业技术水平和业务素质两个方面提高岗位进企业的基本要求，如明确规定新入岗员工必须具备高等教育专业背景和教育管理经验；同时，还要切实提高学校教学与运行管理岗专职人员的岗位待遇和职业发展空间，提高岗位对优秀管理人才的吸引力。

最后，学校要对所有在岗的教育管理者进行定期、不定期的教育学与管理学方面的专业培训，以及在每学期举办 1—2 次内部学术交流和讨论，除对教育实际管理工作中出现的问题进行探讨以外，还可对教育学分制的相关理论与实务、与教学管理工作相关的文件等内容进行学习与交流。

4.加强教学工作管理与服务保障软硬件条件的建设力度

完全学分制的实行将使学生不会局限在某一学科领域、年龄范围或者教学班，同时每名学生选择的学科领域也千差万别。这就需要高校进一步建设高度信息化的学籍管理与成就信息管理网络，为每名学生创建涵盖学籍状况、所修学科领域以及成就等内容的独立而翔实的个人信息档案系统，可供学校随时随地查阅。同时，完全学分制的实行将使学生的学习生活与作息时间高度差异化，这也需要高校提供更全面的学习保障。比如，图书馆全天候开馆，其所提供的电子学习资料可以满足学生的需要；每所高校也要有一家提供二十四小时服务的学员食堂等。但是，目前中国高等教育还未完全拥有满足完全学分制需要的教育运营管理信息与技术保障软硬件条件与环境。为此，高校还需要从建立简单有效的学历、课程、学时信息查询与管理系统，各类教育运营管理信息的通知与公布体系，学生择课的信息咨询体系，内容丰富的数字化文献资料管理系统，学习材料的电子打印复制体系，学生自习设备条件保证体系等方面加强技术支持。

第四节 一流学科发展视域下的高校课程建设

课程建设是高校学科专业和教育工作综合水平的集中体现，是高校进行人才建设工作的重要环节。在蓬勃发展世界一流学科的宏观环境下，抓好高校的课程建设工作既是对高校进行内涵式快速发展的刚性要求，又是回应新时代教育发展趋势的外在需要。不过，受惯性思想的影响，许多高校在课程建设基本理念、课程架构体制和课程评价制度等方面仍然存在问题，给"双一流"教学工作的顺利开展造成不小的负面影响。高等教育机构必须在"一流课程"发展视野下创新教学体系建设发展理念，重建课程结构管理体系，革新课程评价管理机制，抓好高品质的本科生教学工作，促进中国高校内涵式发展、"跨越式"蓬勃发展。

2015 年 10 月 24 日，为推动中国高等学校的建立工作，国务院颁布了《关于印发统筹推进世界一流大学和一流学科建设总体方案的通知》（简称"双一流"总体方案），方案中明确提出"建立一大批跻身全球一流行列或首位的学科专业"。这是新世纪中国教育实施内涵式快速发展、"突破式"快速发展的重要引领性文件。课程教学一直是中国高等院校教师培养的主要方法，如果缺乏一流的教学队伍，"双一流"的实施将举步维艰。因此为了搞好"双一流"课程的构建工作，就需要考虑怎样进行高质量的高校本科课程构建工作。

一、课程建设：一流学科发展的必然诉求

关于中国高等教育培养模式的核心要素和中国高校学科体系构建的研究成果不胜枚举。早在 20 世纪 50 年代，钱穆先生就提出"现代的中国大学高等教育就是课堂为中枢的高等教育"。布鲁贝克也认为，"身为现代中国社会的思维库，中国大学的思维主

要是通过课堂传播"。从某种程度上来看，课堂建设是高校学术能力和高等教育思维综合水平的集中体现，是对高校进行人才建设工作的重要环节。在发展世界一流学术的宏观环境背景下，做好高等院校的课堂建设工作既是对高校进行内涵式发展的刚性要求，又是回应新时代高等教育发展趋势的外在需要。

（一）新时代高校内涵式发展的必然诉求

中国高等教育系统应该怎样为人民群众创造高品质的高等教育？高校必须不断创新人才培养模式，而不断创新人才培养模式的根本着力点就是继续做好课程体系建设和教学体系建设工作。教学是高校为学生提供的最基础的公共服务，是进一步做好人才培养工作的基础和关键，也是高等教育系统改善人才培养品质的重要切入点。高校应当根据自身定位进行教学建设工作，并利用学科与高等教育的相互融通、产业与高等教育的融合提高人才培养的品质，以反映新时期中国高等教育内涵式发展的时代需要。

（二）创新高校人才培养模式的必然诉求

国务院办公厅印发的"双一流"总体方案对高校明确提出的一项重要任务是培养符合现代社会发展要求的创新型人才。建立世界一流的高校、一流的专业，其根本目的都是实现世界一流的培养。搞好课程建设管理工作是进一步革新高等学校培养模式、进行世界一流培养的必然需要。高校必须意识到，教学是高等教育机构为学生提供的最基本的公共服务，做好课程建设管理工作才是回应世界一流大学专业建设的最重要途径。高等学校必须要通过改革教学的方式，把培育新时期社会主义事业建设者的教育宗旨深刻渗透到课堂教学之中，重建教学理念，以"厚基础、宽口径"的人才培养思想进行课程建设管理工作，促进人才培养工作的跨越式发展。

（三）稳步推进"双一流"建设工作的必然诉求

从 2015 年出台"双一流"总体方案开始，我国十分重视院校的"分级健康发展、分级质量管理和分级考核制度"，采取多项举措推进高等学校蓬勃发展。课程建设是高校进一步发展与教学工作的重要着力点。优质的课程建设反映了一个院校的教育理念和教学与科研能力，一流的大学必然要求一流的课程，一流的课程建设必然需要一线教学的支撑。所以，认真做好高等学校的课程建设工作是稳步推动"双一流"项目建设工作的必然诉求，也是"双一流"背景下高等学校教学改革的基本动因。

二、高校课程建设的问题审视

当前，各地高等院校正在"双一流"建设方针的指引下进行着有声有色的教学改革工作，为改善普通高等学校的人才培养质量做出了巨大贡献。不过，受惯性思维的影响，许多院校在课程建设理念、教学结构体制以及教学评估体制等方面仍然存在问题，给世界一流课程的建设工作造成了不小的负面影响。

（一）课程建设理念滞后

在"双一流"总体方案的指引下，各地院校依托自身办学特点进行了不同的培养方案改革。但由于部分院校的学科建设理念较落后，并不能完全改变中国课程建设中的重理论知识、轻实际，重课内、轻课外，重育才、轻育人的现状。

首先，课程建设中重基础理论、轻实用性教学是指高等学校在课程教学中过分注重基础理论教学，而忽略了实用性教学环节。但不管是从课程实施方案的制定、课件的选择、指导教师的授课上，还是从教务处牵头实施的质量监测工作上，许多高校仍然秉持着传统的"重基础理论教学、轻实践"的课程建设宗旨，对基础理论教学的质量把握得十分严格，但对实践性课程的质量管理却关注得不足。其次，课程建设重课内、轻课外主要体现为学校高度重视课堂质量，注重学生课程教学个性，关注教师在课堂上的实践表现，而对学生课外实用性活动的关注不足，部分院校更是忽略了课外的实用性教育环节，这是不利于全面训练学生的实际动手能力的。最后，重育才、轻教育体现为许多教学只注重于基础知识的传授，而忽略了对学生品德方面的培养。

（二）课程结构体系失调

确保中国高等教育人才培养品质的关键在于设置合理的学科结构和完善的课程。当前，部分高校已经开展了形式多样的改革，但在教学结构体制上仍然和"双一流"的要求有着差异，大致体现为以下两个方面：

一方面，部分院校的专业课程较多，但通识专业课较少。以专业知识为基础、以社会对相关职位要求为导向的专业课程，历来是院校最关注的课程内容，在整个课程体系中也占据了较大的比例。通识专业课则是学校为扩大学生的知识面，提高学生的人文科学素养而设立的课程，如上海大学的"大国方略"系列通识专业课，就是在整合了多门相关学科知识的基础上，为培育高层次复合人才而设立的专业课，讲授人员都是上海大学内著名的教育专家和学者。不过，目前，许多院校并不十分注重通识教育课程的开展，也并未建立具备办学特点的通识教育课程体系，这些通识教育课程以选修的形式进行，且考核标准单一。

另一方面，部分院校的显性课程较多，而隐性课程较少。所谓显性课程就是指由高等学校官方设立的课程，不论是高校领导还是教师和学生都高度重视。显性课程中既有具体的项目目标、内容、课程考核办法等，又有与之相关的课程，是高校课程建设项目的主体。而隐性课程则是指伴随着正式教学，以讲座、实验活动、校园文化建设等形式存在的学生看不见、摸不着的课程。这种课程看似不是真正的课程，也不是一定的课堂教育实践内容，但却在校风、学风构建中起着十分关键的作用，并在潜移默化中深入地影响着学生的精神世界，对高等院校的学生德育管理工作具有十分关键的意义。但是，在部分院校，隐性课程的教育效果并没有受到足够的关注，而隐性课程在学生教育上的效果也并没有得到充分体现。

（三）课程评价机制同质化

科学合理的课程评估制度对学校课程建设起着重要的引导与管理作用，是学校做好课程建设工作的关键。不过，目前，许多院校的课程评估制度同质化现象严重，评估主体单一，教学考评方法简单，学生专业特点体现不够，与学校"双一流"创建工作的需求目标仍然有着不小差异，主要体现在：以院校为主导的课程建设评估方法缺乏对产教相融的全面考虑，教学考评与行业需求脱节现象严重，人才培养目标无法适应当前我国产业结构升级与转变对人才的要求。同时，考评仍停留在理论知识教学方面，按照学科知识划分的教学考评对学生专业知识的运用考评力度较小，导致在教学中教师和学生不注重应用环节。最后，学校以传统闭卷考试方式的教学评估方法让很多学生为了应对考试，选择"考前死记硬背、考后全还给老师"的复习方法，与世界一流大学、一流专业学校的人才培养目标不符，从而导致学校人才资源的严重浪费。

三、一流学科发展视域下的课程建设策略

为实现我国"建设一批跻身当今世界一流行列的课程"的重要策略部署，中国高等教育系统要加速课程建设步伐，在创新课程建设理念、重构课程结构、变革教学评估体制三方面进行课程构建工作。

（一）革新课程建设理念

2018 年，陈宝生部长在全国高等学校研究生教学管理工作大会上指出，中国的研究生培养项目将建立有深度、有力度、有调整度的"金课"，并注重培养学生的实际动手技能和创新应用意识。这对世界一流课程发展战略视野下的中国大学课程建设工作提出了全新要求。学校应创新课程建设理念，改变当前中国课程建设重理论、轻实验，重课内、轻课外，重育才、轻育人的现状，围绕学校办学特点重构课程内容。首先，学校要改变过去重理论、轻实验的课程理念，增加实践性教学比例，注重形成应用型的教学群体。学校要围绕学科特点和专业特色，以服务于经济社会发展为主要目标，在课程建设中增加与产业前沿发展动向密切相关的课程，努力形成既有理论基础又有实验特色的课程体系。其次，要改变课堂构建中重课内、轻课外的现状，通过调整传统课堂类型架构，重视多元化的教学实现途径，建立校内与校外一体的开放性课堂，并通过产教融合，逐步突破传统课堂构建的简单路径。再次，还要依托"互联网+"，建设线上、线下一体化的智能课堂。最后，要通过建立"思政课程"与"学科思政"的同向并行协同育人管理机制，完成专门课堂教学的育人管理工作，形成"全程、全员、整体"的立体人育系统。

（二）重构课程结构

在一流课程发展视野下重构高等学校的课程架构，必须合理规划专业课程和通识教育课程之间的比重，并进行显性课程和隐性课程之间的融合。一方面，高校应扩大通识教育课程数量，进一步拓展通识教育课程的专业范畴，这样有助于学生扩大专业视野。另一方面，高等学校应当赋予学生一定的自主性，为学生提供更加丰富的选修课程，从而增强学生的学习兴趣和学习自主性，扩展学生的认知领域。另外，高等学校不仅要注重显性课程的设置管理工作，也要注重隐性课程的教学管理工作，并通过抓好校园文化建设管理工作，或是利用社会热门事例开办系列讲座，或是认真学习其他高等院校所实施的"学科思政"教学思想，多渠道、多路径地实现隐性课程的协同教学效果。

（三）改革课程评价机制

改变教学评估体制，引进多样化的评估主体，健全的评估指标体系以及多样的评估方法，形成科学合理的课程评估制度。首先，要在教学评估中聘请企事业单位的优秀一线人员，动态调整教学建设评估指标体系，使高等教育的培养方向和社会需求保持一致。其次，要健全大学的教学评估指标体系，强化实践性教学的考试评估力度，注意参考行业标准，对学生的实际成绩和实验成果加以严格考核，帮助学生注重实验环节，从而增强学生的实际动手能力。最后，要拓宽教学考评方法，合理下放教学考评权限。高校要转变当前必修课以闭卷理论考试为主的考核模式，增加企业研究报告、小说撰写、课题研究等多样化的考试方法，并尝试以开放式试题考查学生对理论知识运用的创新能力。

总而言之，在一流课程视野下的大学课程构建工作是一个系统性的大工程，需要学校领导和教师的通力合作。高校要以国家一流学科工程建设为契机，进一步创新教学建设理念，重构教学结构，改革教学评估标准，深入推动基础教学建设改革，努力培育世界一流的应用型人才。

第五节 高校在线开放课程建设

伴随着现代信息技术的蓬勃发展，网络开放式教学逐渐推动了高等学校体系和教学方法的变革，不但突破了教学过程中空间与时间的局限，而且间接提高了课堂教学对学生的吸引力，从而更好地提高了学生的学习积极性。同时在线开放式教学也拥有了更加丰富的教育资源、更为快捷的资讯获得方法以及更为方便的教学模式，实现了高等学校课堂与方式手段的全面革新。从总体上讲，由于当前中国高等教育网络在线开放课程建设还处在初级阶段，应用模型比较固定，学科资源多而不精，高质量教育资源有限，由社会投入制作的网络在线开放课程数量不够，网络在线开放课程的跨国融通和全产业链条还没有形成，因此中国高等教育的网络在线开放式体系建设仍任重而道远。

一、高校在线开放课程的内涵与价值

高等院校在线开放课程是在中国信息化快速发展的背景下，为进一步坚持并贯彻"互联网+教学"的教育发展理念，通过运用多元化的技术手段，把高等院校教育过程中所需要的各种教育资源以线上形式加以展示，是指导学生开展自主学习和研究性学习活动的重要抓手。高等院校在线开放课程同时具备了整合教育资源、革新课堂教学过程和改革教学模式的功效，大大增强了课程的便利性和多样化。在高等院校的网络开放式课程中，教育资源具备了很大的转化能力，由知识到专业技能再到拓展专业知识，基于对学生潜在发展水平的预知结果而设定，从而可以更好地激励学生的求知欲望；课堂形式的展示形式包含了微视、课件等，利用强大的整合能力将碎片化的教学资源系统化，方便学生实现资料检索与课程互动。而高校的网络开放式教学贯穿了课前准备、网上教学、课后作业和评估的整个流程，从内容上既反映了大学课程文化，也体现了新时期互

117

联网科技文化的重要价值。

高校网络开放教育对变革教学模式、提高教学质量发挥着很大的作用。其一，在线开放课程教学资源的丰富性和多元化符合当代大学生学习和发展的个性化特征。由于教师行业处在教育蓬勃发展的最前沿，因此在教学模式上有了进一步的创新与完善。把在线开放课堂的资源建设重点投放在各大院校中，按照国家发展要求更新教学理念，更加重视学生在自我管理与自主能力上的养成，有利于实现学生在个性特长上的多样化发展。其二，运用现代网络信息化管理手段，高效整合教学资源，提高教学的灵活性和有效度。通过有关的研究可以发现，截至 2018 年 12 月底，"网易公开课"已与上百所院校开展合作，当中包含了许多知名的国内外院校，日均浏览量都在数百万次，选课的人数也超过了三百万人。由此可见，高等教育网络开放课程体系的构建必须依赖于社会力量的投入，建立合理的需求产业链条，补足高等教育技术力量的欠缺，需要利用大数据分析受众人群的供需信号，甄别优秀教育资源，形成合理的资源整合。其三，有利于推动学校教育理念与方式的转变。高校网络开放课堂通过对教学模式的改革能够促进教育理念的创新，变"以教师为中心"为"以学生为中心"，既提升了学生的学习趣味，又提升了学生在学习上的主观能动性，同时通过线上课程的技术革新也实现了对教学模式的革新。

二、当前大学网络开放课程构建和使用面临的主要问题

（一）学校对网络开放教学的应用观念滞后

当前，部分教师对在线开放式课程的领悟和认识得不深入，仅仅从形式上应用了在线开放式课程，并认为把整个授课流程拍摄为教学视频，再上传到网络上就实现了在线开放式课堂构建，但在根本上未能完全挖掘在线开放式课堂的功能。其实，在线开放课堂表现形式更加丰富多元，既可以在教学视频中添加适当的教学资料，如录像、图文、随堂测试等，还可以按照课堂的具体设置加入单元测验、试题等内容，按照基本知识点的顺序依次录制等。在实施在线开放式课堂时必须注重教学视频拍摄方面的设计，不能仅仅把教学视频拍好后再上传。高校教师在网络开放教学运用上的思想方法和观点僵

化落后，无法跟上教育技术的发展趋势和信息时代的需求。

（二）高校在线开放课程资源鱼目混珠

大学网络开放式课堂构建需要多种资源提供保障，其中教学资源是课程体系构建的前提条件与基石。受信息技术、应用能力和研究费用等因素的影响，当前高校网络开放课程资源构建的基本思路并不清晰，且学生潜心研究和研发的力量严重受限，部分院校教师实行拿来主义，向其他院校照搬照抄，从而产生了张冠李戴、水土不服的情况，既缺乏自身课程设计的特点，也不能根据自己学生特点做出选择。在这些情形下，大学课程线上与线下教授的内容往往高度重合，价值性和有效度严重缺失，也表现出了当前各院校之间各自为战、各自封闭的状况，导致线上开放课程资源鱼目混珠，对目标受众人群也产生了一定影响。

（三）在线开放课程模板设计相对单一

网络精品资源课程建设是我国网络开放课程体系的主要抓手，将网上精选资源课程汇聚形成资源库，并投入到相应的开放平台上，可以有效推动高等学校对网络开放式课堂体系的构建，对高校开放式教学的发展也可产生一定的促进作用。但因为学校课件的编排和设计基本都是由合作公司负责操作，所以在模板的选用上比较受限，往往是将一个模板同时运用在多个学校，而相应的网页设计也都是按同一形式完成创作，在排版上并不具备新意和特点。教学门户网站的首页大多是对相应的教育内容做出说明，如教育成果、师资队伍、课程设置等，但这部分内容往往无法调动学生的学习兴趣，而学生所希望掌握的知识点与相应的教学技巧也不易找到，以学生为中心的教育建设理念也不足，没有必要的教育调研制度和学生需求信息获取制度使得在线开放教学的功能完全失效。

三、在线开放课程的建设规范

（一）同步资源做到规范、完整

网上的公开课堂和线下课堂均需要形成系统的教育循环，只不过实际进行的方法有所不同。在网络教学平台上，每门课堂都应该有完整的课堂视频、教学活动课件、讲义、随堂测验、篇章训练、论坛交流、单元检测和期末考核等。一个课堂视频在十分钟以内，以把知识点讲得清楚为宜。知识点条理清晰，主线明确，不要把课堂或教育文章直接搬运到网上的教学平台。

对慕课课程内容需要进行深入的探究和严谨的审核，通过全面设计教学的操作方法，充分考虑学生在网络平台和线上线下混合模式下的课堂练习设计等，以确保教学的严谨与精准。部分教师开始自制慕课视频时，很容易把教学思维局限在了课程制造环节，以为教学最难的主要问题就是录制流程与视频剪辑制造，教学过分关注视频制作的精良，而忽略课程及教学流程的严密和完整，也忽视了同步资源的重要性。而实际上慕课重在使用，强调"以学生为中心"的教学方式来呈现内容。对视频制作质量的要求虽然也是对教学的主要要求所在，但并非全部。

（二）变革传统教学模式，探寻"教"服务于"学"的课程建设新途径

在慕课建设中要探求其使用的方式和途径，同时应该坚持"教"服务于"学"的基本理念，摒弃以"教学为中心"的传统教学理念，使课堂内容和教育过程切实地服务于学生的学习过程。不同阶段的学校都应深入地探寻慕课建设的新途径，进一步革新学校教学模式，实现以学生的"学"为中心的教学目标。

四、中国高等教育网络开放课程构建和使用价值提高的对策

（一）政策引导：提升在线开放课程建设的积极性

在线开放课程建设是中国高等教育智能化学校建设的重点内容，对提升中国高等学校的整体管理水平大有裨益。因此要出台更具体的政策措施，以克服当前中国高等院校网络课程力量单薄、秩序混乱、规范不足和高质量教育资源缺失等问题，推动高等学校越来越重视网络开放与教育资源研发，以建立有效合作和错峰发展的合作模式。高等学校要完善内部机制建设，充分调动教职工投入网络开放教学建设和使用的积极性，纳入教职工绩效考核系统，对具备较强研究创新能力和使用能力的教职工予以相应薪酬鼓励。同时，高等学校要着力包装线上开放教育资源，提高共享价值，以完善的机制系统保障和推动高等学校网络开放教育工作的高效实施。

（二）技术指导：引进社会力量参加网络开放课程建设和管理服务工作

高等学校要勇于走出封闭圈子，同网络公司开展协作，网络公司负责技术设计和后台管理系统，高等学校提供教育资源，通过合理分配实现精细化运营，达到互惠共赢。同样，在学科资源共建方面，各院校之间也要形成网络课程共建联盟，以实现错峰发展和互融相通，减少教学内容的重复性和粗浅化，并积极构建学分的互联认证制度。社会积极参与院校的网络开放课程共建，促进各相关者开展信息资源整合，并利用大数据技术进行分析，得到相应的供需信息，从而产生科学合理的课程共建导向。

（三）教师培训辅导：建设网络开放教学专业教师队伍

高校教师是学校有效实施和应用网络开放教学的关键保障者，在学校实施开放式教学时，往往需要教师付出大量的时间完成教学视频的录制，但通常教师在视频制作上并没有受过专门的技能指导，相应的制作方法也较为简单，这一类视频投入到教育网站上时往往教学效果并不好，对学生的学习也没有促进作用。虽然部分高校已经在一定的课

程上进行了网络开放式教育，但在教师队伍的构建方面仍然出现了认识不够深入的情况，高校也需要针对具体的实际情况展开讨论与深入研究，以寻找最合理的解决办法。所以，高等学校要重视加强对教师的信息化建设能力培训，通过系统有效的训练，提高专业教师的信息化建设观念，改变学校传统的课堂思想和方式，坚持线上和线下教学相结合。高等学校也要充分发挥教师的示范效应，以教学团队的形式举办线上课程建设和教师信息化竞赛，提高学校网络开放教学建设能力，努力培养具备较高水平信息化建设水准的教师队伍。

第六章 高校档案建设

第一节 信息化背景下的高校档案建设

随着电子技术的迅速发展，中国高校档案系统已从传统纸质管理形式逐步向信息化、数字化的管理形式转化。本节将对中国传统高校档案管理的三种模式，即集中型、分散型与集中分散结合型展开利弊分析，并对信息化背景下的高校档案管理模式进行深入解析。

一、传统高校档案建设模式分析

高等学校的存档保管工作模式也是高等学校管理工作档案的一个步骤，主要涉及档案的接收、建档、整理、传播、使用等工作。良好的存档保管工作模式可以规范档案排布，便于档案检索与使用，从而推动档案行业的良性发展。在管理流程中，高等学校根据自身要求与特色，设置完善的档案管理机构，建立规范的工作机制并配置专门的归档人员，就可以确保档案在高等学校管理中发挥良好作用。传统高校档案管理模式大致有三类，即集中管理模式、分散管理模式和集中分散相结合模式。

（一）集中管理模式

集中管理是指通过独立的学校档案保管机构对学校档案工作实施监督管理，在存档的基本建设、教学活动和科研项目上制定权力集中的管理制度。高等学校一般都会设有单独的档案保管机构来承担学校的档案管理工作，其直接隶属于高校而不依附其他行政机构，职级与学校普通科室人员同等。该种管理模式特别适合规模较大、建校时期较长、组织与管理程度高的院校。

集中管理模式的集约化程度高，在实际的经营操作过程中存在独特的优势与劣势。首先，集中管理模式能够提高效率，节省成本，因此实行集中管理模式的高校通常配备了专门的管理层和专用的档案管理场所，以利用各种程序化的流程提高管理工作的专业性，从而尽量减少对公共资源的消耗，进而提高在档案管理流程中的工作效率；其次，集中管理模式也便于对档案的开放管理与使用，通过对档案的集中管理可以让档案更好地起到信息传播与教育的功能。而由于档案总量的逐渐扩大，集中管理模式对大学硬件与软件的需求也随之增加，为缓解越来越紧迫的人、地资源匮乏的问题，高等学校不得不投入建造更大的场地、招募更多的工作人员，加大成本开支。同时，集中管理模式还隐藏着很多的安全隐患，各种档案资源都存放在同一个管理机关，而且许多档案资源都涉及学校的核心内容，如果发生信息泄露，会对学校造成不良影响；集中管理也不利于学校各单位对档案资源的开发与运用，由于国家档案管理机关对档案资源施行统一管理，而其他院部在档案产生之初就必须提交，于是各院部在使用档案资源时将会遇到一系列的审批程序，不利于各单位运用档案宣传与培训学生的积极性。

（二）分散管理模式

分散管理模式是指各档案室为掌握档案流程和目标，由各机关和院系具体管理并保管本机关的重要档案和材料，如党委办公室保管党委档案，教务办公室、学工处等保管教职工和学生档案。在此情形下学校档案室的等级也较低，一般隶属于学校纪委办公室、校长办公室，或作为下一级科室存在。

该管理模式的最大好处，就是能够大大减少对公共资源的耗费，方便高校档案保管。实行分散管理模式的高校能够减轻高校档案管理部门的负担，它只是负责高校档案的分析与统计等管理工作，而由其他政府部门承担高校档案的具体管理工作，因此大大减少了政府资金投入，使高校档案的管理工作更为灵活；而且，高校各科在利用档案宣导工作时也比较简便快捷，仅仅由一政府部门负责宣传工作即可，从而降低了档案在各政府部门间相互传递的风险。该管理模式的主要弊端是高校档案管理部门工作人员专业性不足，没有专职的高校档案工作者指导，档案资源无法得到充分有效利用。档案资料散落于各个部门，使得高校存档的整体性受到了破坏，而涉及各政府部门的高校存档也由于受制于各科划分，而不利于在学校层面上的推广和使用档案资料；由于档案的保存年限各有不同，所以档案室也必须按照各种各样的技术标准实行检查，而分散式的管理方式也不利于对高校档案的统一认定和销毁。

（三）集中分散相结合模式

集中分散相结合的管理模式是指由档案保管机关对归档保存的流程实施总体把控，在实际操作流程中由归档形成机关承担具体档案的接收与整理，且其只能保留一定时期，超出规定时期后必须将本机关的归档全部转移至校级归档保管机关。相对于分散模式，在集中与分散相结合模式下档案管理机关的权力也相对大，多为和其他院部同级的机关，但在人员设置上较集中模式的要少。

集中分散相结合模式最大的好处就是管理工作方式灵活，有利于综合管理工作，同时便于对档案系统的使用，不过该管理模式也对高等院校的管理工作力量要求较高。由于管理权限不确定，许多档案的保存情况都带有不确定性，这对校级档案保存机构的宏观调控力量有更高的要求；而对档案进行保存的工作时间过于分散，也会对档案的完整性和安全造成很大挑战，也使得校级档案保存管理工作的困难度增加。

二、信息化背景下的高校档案管理模式解析

信息化高校档案管理模式是指利用信息化技术手段，将在高校管理过程中产生的各种档案信息加以数字化管理，以便发挥高校电子数据的储存优势，冲破信息空间的束缚，从而达到高等学校档案与其他资料的高效融合。

信息化高校档案管理模式大致包含五个组成部分：网络基础层、信息数据层、应用系统层、信息管理服务层和虚拟学校层，每一层都呈现出逐级递进的关联性。网络基础层是大学校园建设的基石，它可以为大学校园档案的信息化管理提供网络支撑；信息数

据层则是高校档案信息化管理的核心，它相当于一种包含了各种档案信息的大数据分析，各种纸质数据信息通过处理后会成为电子资料储存在信息数据底层，从而为信息系统的传递和大数据分析的交换做好铺垫；应用系统层是大数据管理与外界交互的主要中介，该层次涉及 OA 管理（自动化办公系统）、数字图书馆、数字档案室以及各种信息系统等，利用这一类信息系统可以将所有涉及档案信息管理的高校资料以数字化的形态展示于高校管理人员眼前；信息技术服务层则是高等学校的主要用户界面，主要是为学校的非管理者所用，各类人群可以利用其检索学校资料，以便进行校内外资料的高效衔接；虚拟学校层则是由高等学校网站所构建的最顶层，这是一种由信息技术服务层与应用系统层融合的综合服务网络，通常采用高校官方网络平台的形态对外展现，既便于学校管理者使用，又方便学校管理人员查阅。

第二节 基于文化自觉的高校档案建设

文化自觉背景下档案文化的建设活动也必然会出现相应的转变，所以从文化自觉角度，对新时代档案文化建设活动加以分析，将有助于探索档案文化建设的新转变，以适应社会主义文明发展的基本趋势，促进档案文化建设的优化发展。本节将从文化自觉视角出发，对高等学校档案文化建设状况与对策加以分析，以期能够充分发挥高等学校档案文化建设的重要功能，从而全方位促进高等教育的建设与发展。

我国社会在文化发展过程中，越来越呈现出优秀传统文化与政治、经济、社会力量融合发展的态势，中华文化在我国综合国力方面的战略地位与影响也越来越突出，因此中华文化建设也受到了重视。在新形势下，唯有高度的文化自信，才能实现中华文化的强盛，推进中华民族的辉煌。因此应该重视中华文化自觉发展的重要性，积极争取激发整个中华民族文化创新创造的活力，共同构建社会主义文化强国。高等学校档案建设是我国社会文化产业的组成部分，高等学校档案文化的现代发展也需要很高的文化自觉，唯有在构筑档案发展的过程中建立对文化产业发展的正确定位与合理认知，才能有助于掌握档案的未来发展趋势，推动高等学校档案的现代化发展，为高等学校综合管理人才提供一定的档案文化资源保证。

一、档案文化建设方面的文化自觉必然趋势

文化自觉主体主义是在人们对自身的文明世界产生深入认知与了解，并接触各种文明的基础上，通过建立在各种文明世界中对自己发展位置的正确定位，进而通过对自己的适应与其他文明世界实现交叉融通、取长补短，最后建立能够形成社会一致认同、各种文明相互协调发展的社会共处性文明构建与发展原则。文化自觉是在文化领域中产生的意识觉醒，一般包括对相关社会发展在历史建设方面的合理定位、对文明发展的基本规律和在文明建设方面的责任承担等，它已经成为一个特有的内部精神，体现了对社会发展前进不懈努力的要求，在全面促进社会文明事业繁荣发展方面起到了不可或缺的作用。一个民族的觉悟首先开始于对文明的觉悟，而一座大国的强盛又和文化自觉性有着密不可分的联系，所以唯有保持高度的文化自觉，方可实现民族文明的发扬与复兴。档案文学对中国档案事业的发展产生了举足轻重的影响，而档案文学的兴盛也对中国社会文学的强大繁荣发展起到了至关重要的促进作用。所以，在实现中国梦、推动中华民族文化复兴的过程中，高等学校档案管理工作人员就必须意识到文化自觉和思想文明建设的重要意义，必须大力推动中国高等学校的档案文化内涵建设工程，同时在建设工作方面体现出对文化自觉的迫切要求，唯有从高等学校档案文化建设位置、文化建设发展规则和建设工作责任等领域建立较高的文化自觉，中国高等学校档案文化内涵建设工程才能始终保持着正常的健康发展方向和发挥效益，充分发挥档案资源的辅助功能，以促进中国高等教育现代化构建和蓬勃发展的进程。

二、文化自觉背景下高校档案文化建设情况

文化自觉性对高校档案文化建设提出了更高要求，也在很大程度上导致高校在档案

文化建设工作方面存在的问题逐步暴露，对高校档案资料的使用以及存档资源的研究造成了不良影响，也不利于高等教育现代化建设工作的持续开展。在对文化自觉背景下，高校档案文化建设工作方面存在的主要问题进行了系统的剖析后，发现问题主要反映在如下几个方面：高校档案资料来源较为单一，历史厚重感严重不足；高校档案管理部门长期没有建立档案制度的文化自觉意识，尤其是文化自觉意识严重不足，高校档案管理工作人员无法根据新时代的经济发展状况，对高校传统档案管理加以合理的再创造，使得高校传统档案文化的继承与发扬出现了阻碍；高校档案文化建设工作宣传意识欠缺，工作深度不足，对高校档案文化的长久稳定与发挥形成消极影响。所以在文化自觉条件下需要进一步提高高校对档案文化建设活动的关注程度，并积极探索具体的档案文化建设工作举措，以确保高校档案文化建设工作达到最理想的发展效果。

三、文化自觉视野下高校档案文化的建设与发展

在文化自觉视域下，中国高校档案文化产业要想实现繁荣发展，学校与档案管理机关也必须探索自主创新，并根据新趋势逐步推动高校档案文化建设方法的改革与创新，以增强学校文化自觉的实际效果。高等学校将档案文化作为在档案文化建设方面的主要组成元素，对档案文化建设过程加以分析，将有助于把高等学校的档案文化建设与改革工作视为教育科研重心，推动高等学校档案文化产业的发展，为高等教育综合建设与管理活动创造更有利的理论支撑。

（一）意识层次由文化自在过渡为文化自我

文化传统自在，主要是指人类在传统过程中接受的因意识、经历和知识等自在原因影响而产生的自在社会文化生存方式和活动方式，但当文明逐渐发展到文化自觉层次上，自觉的认识和思想也逐渐会直接影响人的文化生存方式和活动方式，从而推动文化传统自在的产生。自在文化与自我文化发展之间面临着文化的抉择、判断和文化的传承与创造等复杂关联，是一个自发性的文明演进。档案文化是文化系统的主要部分，在演变过程中也必须遵从社会文化演变的一般规律。通常情形下，人类所认知的感性档案文

化都处于自在文化的范围内，但伴随中国传统档案文化的蓬勃发展，存档文化接受了各种因素的共同影响，逐渐冲破自在文化的束缚，趋向繁荣发展，在自在的基础上逐渐形成了自觉存档文化，在存档文化的实际蓬勃发展过程中，从文化理念、社会典范等视角，对人类的存档意识和方法等方面做出了自觉的、有意识的指导，档案文化也因而显示出了某种独特的超思维意识状态，是一个带有逾越性和引领性的新文学形态。在学校档案文化由自在历史文化向自觉人文文化发展的过程中，高校档案管理工作人员必须对学校档案管理工作形成全面准确的认知，并清楚档案文化在学校历史发展方面的关键地位以及学校未来文明建设方面的重要责任，进而从国家战略高度推进高校档案文化建设工程，有规划、有步骤、全方位地推进高校档案文化的建设与发展，争取进一步提高高校档案文化资料的使用率，并通过高校档案文化的影响和熏陶，促进高校档案管理水平与服务质量的稳步提升，为广大高校教师提供相应的公共服务，逐步提高院校教育教学效果与学生管理效益，为高等教育人才培养工作的优化与发展提供更良好的服务保障。

（二）战略规划层面从单项工作向全局战略转变

传统文化的主要特点之一便是显示出了更高的渗透率和持久度，可以透过某种文化的状态对人类有形的客观方面或整个社会关系形成一定的影响，并同时深刻作用在人类经济社会发展过程和人的生产生活实践探索方面，从而导致人类的整体生存状况出现相应的改变。在文化自觉的视野下，中国高校档案文化建设也出现了一定的转变，它已不再单纯是高校的一个具体的工作任务，而是转化为国家档案事业发展过程中的主要方面，同时由于高校档案资料使用得越来越普遍，广大师生也对高校档案管理工作有了更全面的理解，对高校档案文化建设也提出了更高的需求。在对高校档案文化产业的发展建设方面，由于档案文化自觉具有多维价值和重要性，在促进高等学校档案事业发展方面也起到了举足轻重的作用，所以在提升高等学校档案文化教育服务能力方面，就必须形成战略思维，由高等学校档案管理和档案文化建设方面的单项工作战略向高等学校综合管理工作和人才培养的全局工作战略过渡，根据高等学校实际状况以及对档案资料的实际使用需要对档案文化结构做出深入分析，进而从高等教育战略发展的全局视角进行对资源的优化选择，抓住高等学校档案文化产业建设与发展大学校园文化、人才培养、社会主义文化建设之间的互动关系，提出长期档案文化产业建设与应用发展规划，以争取确保高等学校档案文化建设功能的基本实现。

归档传统文化是一门能集中反映我国档案特质的特殊民俗文化，在漫长的社会历史蓬勃发展进程中，我国已逐步形成了较为完备并且成熟的归档文化制度体系，对中国档案文明的现代发展产生了巨大的深远影响。但由于学校对传统档案文化内涵构建的自在自发建构状态已经体现出了明显的局限，所以必须从文化自觉的角度对学校档案文化内涵建设加以改造创新，切实突出学校档案文化内涵建设的实际效果，稳步推进学校传统档案文化产业的转型与提升。

第三节 大数据时代下高校档案建设

互联网信息技术的蓬勃发展将促使全球步入大数据驱动新时代，而大数据分析四大特征将更符合数字档案馆蓬勃发展的最大发展目标。档案工作人员要在互联网的思想下，运用新一代信息技术对海量信息进行大数据存储、统计分析和价值发现。而作为国家文化、科学发展重点基地的学校更应进一步转变档案管理模式，进行从传统档案管理模型到现代大数据分析思想下的网上信息档案系统的改造研究。

维克托·迈尔·舍恩伯格前瞻性地认为，互联网所产生的信息技术风暴不断影响着人们的日常生活、管理工作和思维。互联网将带来一场伟大的世纪变革。而如今，这种概念已经运用在了人们所致力于发展的各种领域，如商业、投资市场、气象、情报、医疗服务等。在未来，互联网将会变成一个新商品形态或者数据信息产业。互联网将具有：信息量大，PB 级乃至 ZB 级；数据信息种类多，网上日记、音乐、录像、照片等构造化和非结构化数据共存，数据信息种类层出不穷；增长速度快，数据信息采集、处理有效率；价值稀疏性；准确和复杂性等主要特征。大数据分析的核心内容就是对海量数据加以分类，以获取巨大价值，服务或深度洞察。而大规模互联网数据信息资源存储则成为数据挖掘的重要基石。

互联网信息资料保存于 1996 年的互联网档案馆。它定期接收和长期储存了全球网络上所有可抓取的信息，对各个网络接收的网页数量和接收期限也不一样。它通过保存的文本、图片、声音、录像等展示了在各个阶段网络的原始面貌，是人们检索历史文件、研究网络演变过程的重要资料和工具。对世界各个时期的互联网信息资源进行了深入研究，是中国互联网档案馆最大的研究价值所在，不少发达国家也在这方面开展了研究与实验。

网络数据信息收集与存储，更符合信息化时代下的教学档案管理工作。而高等学校也是关键的教学与科研数据信息基地，在大数据分析时期有关的教学与决策工作会从"领导经验分析决策"向"大数据分析决策"过渡，一些教育内涵和方法上的重大改变无从想象。大数据分析的特性、思维、信息处理优势，以及对海量信息采集存储、统计分析、价值发现将是中国高等教育的数字档案管理特色与建设目标。研究在大数据分析的信息时代，高等教育网络信息档案建设转型将变成我们所面对的重大问题。

一、大数据时代下高校档案建设存在的问题

（一）高校海量网络信息存档缺失

截至 2013 年 6 月，全国共有 2198 所高等学校（不含单独院校）。高等学校在信息管理、教学、科研工作、专业展会、学社活跃、校内讲坛、人才、咨询服务社区等领域形成了大批网上电子信息资源，并营建了优秀的学校互联网文化环境。尤其 IM（瞬时通信）、SNS（社会化网上服务）、VC（视频移动）等开发工具移动到手机后，移动教学挑战传统教学。众多高等院校和教研组织均已建立了移动信息资源服务站，并发布大批网上的精品教学项目、测试、评论等，包括录像、文章和音乐。但由于网站寿命较短，学校网站信息内容资源和营造的学校文化等已迅速消失。近年来，高等学校单位或组织多并入或取消，在管理中形成或发布的新的电子信息大都消失。学生和教师个人的网络数据信息均未保留。国内外网站上公布的大量与学校学生和教师生活相关的各类网上信息尚未进行统一存档保管。在数字学校建设中高校档案馆功能仍被边缘化，而真正的高

校网络信息存档管理建设系统平台也尚未形成，高等学校海量网络信息档案不足是网络时代高等教育最重要的"历史失落"。

（二）高校档案数字化建设处于初级阶段

查阅全国多家大学档案馆网站资料发现，学校网站网页内容更新速度缓慢，上传和在线网站信息内容较少为常见现象，专栏信息内容丰富多彩的约占几十分之一。经实地调查发现，高校档案管理系统和管理模式比较落后，后数字化管理是目前中国高校档案馆数字化管理工作的主流管理模式，即对学校大批纸质档案扫描后，将图片、光盘等传统载体档案上传给高校档案管理库，然后再对电子资源数据信息加以统一管理和使用。管理系统库以电子档案分类目录化为主，对电子档案的快速搜索与打印工作大都未完成。对学校的网络档案管理也没法统筹兼顾。各机关系统数据条块分割严重，包括政府办公室、学校各层次学籍信息管理系统、教学科研管理、后勤保障信息管理等网络系统均没法与国家档案局的信息系统接口对接，机关管理系统数据档案也没法归档使用，已归档的纸质档案往往需要转向后数字化，导致了资料的巨大浪费。有部分学校上传的照片与视频档案（除保密外）可现场网络化使用的情况基本没有，对档案资源使用仍采取传统目录检查和手工查档，工作量较大，工作效率低下。目前学校的现代数字化档案建设还处在初级阶段。

档案后数字信息化建设和网上数据信息档案化建设工程，都是高校数字档案建设工程的主要内涵，也是现代高校文化建设和传播的主要平台。高校档案主管部门要增强对二者关系的深刻理解，统筹兼顾。大数据时代，以互联网信息作为产生档案的关键来源，互联网信息档案建设将是中国未来档案管理的主要模式。而学校数字化档案室建立的工作重心也转移到了互联网信息档案建设方面，这也符合当前中国经济社会发展转变的重大形势。

二、大数据下高校网络信息档案建设的基本特点

（一）高校网络信息档案建设的系统性

高校档案信息资源并不是单一、分散、均质的，而且全方位、联系、独特的。运用现代互联网信息技术，冲破了传统档案工作领域，进一步体现了高校利用网络信息档案建立的信息化、大档案、大资料的系统理念。并在对网络信息档案收集的质量、价格、权利、保护、安全等方面的充分考虑下，使学校信息资源集中形成了文化、教学、服务、娱乐为一体的综合信息载体。

第一，加强高校存档的系统性。通过统筹建设涵盖学校的档案管理大体系，真正做到档案前端管理。高校各管理系统数据库与各部门档案室信息系统实现了归档连接，以突破目前各部门管理系统数据信息无从存档的现状，有效整理高校档案室已建立的相关条目、全文、照片、多媒体等资料信息库。

第二，注重学校数据归档的现实整体性。学校网络信息档案的内容覆盖面广，涉及校园管理、学校政策法规制定、基础建设、设备管理、人才吸引和发展、科学研究、基础课程、教师教学方法、专业课程设置、校园文化，特别是学校的个性化信息管理项目，如学校成绩、学生心理反应、能力特点、荣誉、成绩、就业倾向，以及创新意愿等，档案内容凸显了全面、个性、精细化、高价值化。

第三，强调学校数据信息相关性。网络档案管理不能固守传统纸质档案的归属法，依据需求进行相关划分。档案利用提供的网络档案目录服务和网站内搜索引擎，信息资源可定位搜索、网上查阅、打印等。

第四，注重大数据的价值性，在全国高校系统网络空间举办高校历史文化重要档案的在线展示。收集全国优秀教师的多媒体网络教学课件，建设数码课堂档案信息课堂，为全社会的广大受教育工作者创造价值资源。并开展各种档案信息技术专项研发，成为高校的社会主义文化产品或研究成果，向社会各界宣传。

第五，强调数据的共享性。受学校管理体制影响，学校的信息档案保管工作被条块分割，自成体系。高校档案应与高校其他文化建设机构合作共建。院校内部、学校与社

区内部实现档案信息网络共享。

（二）高校网络信息档案建设的智慧性

高校校园网也是学生信息管理的主要信息平台，网站涵盖了高校简介、资讯、学校院部、师资、教学、研究、招生、信息交流、社区服务、校园文化等信息内容，且随时变化。随着中国高等教育科学研究发展和社会公共服务作用加强，网络上涉及高校的大数据资源越来越多，利用云计算技术将海量结构化和非结构化数据变为可能，学校档案馆也将建设"网络信息档案建设大系统网络平台"。它是国家档案馆办公室在网络上搭建的站点，站点连接了社区与学校各单位网络。整个系统网络平台智慧有效，容量巨大。网络信息存档区不受以往存档模式和时间的限制，根据一定要求分类或不分予以保管。

为了对档案信息化进行管理，系统设置权限，以实现需求者对录入信息内容的要求，系统建设平台主要分为以下三个业务板块：①数据信息内容存档。由系统自主选择甄别重要信息内容并即时进行信息内容归档存储，对重要信息内容跟随网页状态进行存档。②智能档案管理。对已收治档案信息内容进行甄别和编目，建立逻辑上的目标信息库，按类型或出版机构等对目录重组，分类定位，实现输入关键词的在线目录搜索和内容检索，并提供授权给用户使用。档案目录建立后，系统将默认为无法修改。③智能档案利用。由档案工作人员在海量数据中发掘价值信息，在法律授权区域内建立数据信息资源利用模型，并基于用户要求和预约，实现各种数据信息资源的综合分类和价值发现。三个业务板块都反映了档案链型模式，即"统计资讯存档—智能档案管理—价值资源咨询服务"。

（三）高校网络信息档案建设的规范性

网络数据保存于大量几何分布式的各类服务器中，档案馆建设网络数据信息存档体系，整体或有选择地对网站、网页上的信息内容实行抓取、收集、管理工作已成为挑战。对高校建设网络数据信息存档系统局域网以及在因特网上发布的电子信息内容，整体或有选择地实行抓取、收集、管理工作并存档。包含以文本、图片、声音，甚至影像等形式呈现在互联网上各个阶段、时间节点上的原有风貌信息内容，并按条件分类或不分予以保管。档案信息要真正反映社会活动的原有风貌，必须具备归档"原创性"；存档时限按照网络信息内容的存档价值分成永久性和长期性。由于信息量大，以"价值性"的基本原则加以识别、整合。与历史数据对比，将有关的重要事件全方位存档；信息来源机构管理部门实行的"分层定位"原则，有助于识别网络信息档案属源；对网络档案信息发布内容的相关法律和证据问题加以深入研究，反映"依法归档用档"基本原则。如收集权、保管权、出版、专利、隐私权、使用权、公开权等相关法律问题；对假信息、假数据信息加以筛选排除，反映"真相"的基本原则。

可按照信息内容的重要性、类别、信息发布部门等级、信息内容进行划分。互联网信息档案分为开放、秘密、永久性、长期、局域网、因特网、注册型、交流型。许多档案信息都是在网络互动流程中获得的，如与高校有关主题交流的网上论坛信息，以及利用网上咨询、邮件、个人微博、博客、校友群等网上聊天方法获取的档案信息等，其特征都是没有固定结果，需要动态沟通；按照档案存储格式包括文字、图片、动画、声音、视频文件等。分类从各个视角展现了大量档案信息，便于对网络信息全面归档和快捷检索。

（四）高校网络信息档案的合作性

形式复杂多样，且结构不同的数据分析来源于各种网站、网页等，如注册、密码保护、交互网页等，这就加大了对数据分析收集、编索和整理的难度，首先数据分析收集技术和传输工具流程均须加以创新设计，并建立相关的保存技术；其次是数据挖掘、算法均须配合多种技术参数。大数据挖掘计算过程很烦琐，要求即时操控超量和费时的运算任务。在大数据分析实现技术方面，通过可视化技术或结合自动运算和高层智慧获取更自觉的洞悉力。仅靠目前中国高校档案馆的工作人员和技术手段是无法实现的，而学习借鉴国外图书、情报、商业机构等的网络信息收集、管理技能，规范国际行业标准并与他们进行技术协作也是很好的渠道，但必须突出档案管理特点。

（五）高校网络信息档案建设的流动性

高校的档案智慧集成工作理念，彻底打破了传统纸质档案和后数字化档案在档案管理工作中出现的许多弊病，把高校档案管理事业带到全新的发展高度。网络信息档案建设，使高校档案和文化传播及文化交流摆脱了时间、空间和地理等束缚，进一步扩展了档案的社会使用空间。高校和社会互动关系愈紧密，由档案所凝聚的高校文化影响力就愈强。档案馆不但具备了档案管理、学术支持等职能，而且还具备了文化调研和宣传等职能，但目前不少高校只做档案的基本管理，而忽略了档案文化科研与宣传。高校的网络信息档案传统文化研究工作成为空白，这也导致了高校传统文化底蕴严重不足。高等学校档案室工作不但要注重传统档案管理和数字化、网络化建设，更要充分运用高校特色教学资源和综合科研资源优势，积极开展高校网络信息档案文化研究，进一步提升大数据时期"大学文化"的传承力和影响力，进一步推动大学文化的全球交流和高校文化资源的社会资源共享，以实现高等教育档案管理工作质的大跨越。

（六）高校网络信息档案建设的安全性

互联网档案信息系统有异于传统档案存储载体，其结构脆弱，改变速度快，且无法备份，容易丢失。如设备故障、误操作、非法侵入等，均可造成档案资料损失或更改。将网络信息安全新科技及时运用于保护网络信息系统档案的资源安全新科技中，如设置防火墙、密码、异地备份、网络控制技术、存取权限，及其他防护措施和控制手段来保障网络信息系统档案的资料安全性等。对操作系统、服务器、数据库系统等设施进行定时更新、升级、杀毒等，防范系统漏洞，病毒入侵，黑客的不法侵入、修改、清除。但随着档案保管设备技术日益提升，为保证信息数据的可持续性，数据信息保存与使用时需要特殊加注方便后代理解。建立"高校网络信息档案安全规范"，对触及国家机密的网络个人信息档案资料，不实行网络传送。在严格执行国家保密法的前提下最大化地公开档案信息。既公开个人信息档案网络服务内容，又避免损害个人信息安全；既促进资源共享，又避免个人数据滥用。

三、大数据背景下中国高校档案转型的问题探讨

综上所述，大数据时代发展将对学校档案转型提出全新要求，尤其是学校档案建设

的系统化、智能性、规范化、合作性、流动性和安全性等。这对于我们改变传统学校档案管理模式、发展创新档案理论有着很大指导性。因此大数据时期学校档案建设工作将紧随时代发展，创新管理理念，进行学习总结，协作标准，积极构建高校网络信息技术档案建设网络平台，注重网络信息系统整合和智能管理系统构建。利用关系思维法，对重要学校档案信息系统的潜在价值进行数据挖掘研发与分析、服务。运用大数据思想法，通过全方位整合档案资料，建立档案社区的整体综合社区文化经济价值理念，按照"大档案"和"档案链"的思想，改革传统高校档案的封闭性和静止性，深度发掘高校档案的社区历史文化经济价值，将档案建设与社区使用有机结合，体现档案的社区共享性。在注重"社会历史时期"或"社区历史文化"的档案层面上，将"空间结构"角度导入档案研究，主要是运用计算机网络虚拟空间与现实社会空间结构构成的新档案，建立现代档案管理的整合、协同、流动性新概念，建立以社会历史社会文化、空间结构、社区经济价值三元辩证法理论探究档案新思路。

第四节 立德树人与高校档案建设

党的十八大明确提出了"把立德树人作为教育的根本任务"。文章论述了立德树人的重要含义，并深刻分析了高校档案工作在立德树人中的重要性，从重视顶层设计，完善档案制度，总结高等教育改革成功经验，充分发挥高等学校档案馆（室）的教学基地功能，推进档案制度文化发展建设与现代数字化产业工程建设等工作领域方面，着重介绍了高等学校档案工作强化建设，全面服务社会和立德树人的发展路径。

党的十八大报告中明确提出了"把立德树人作为教育的根本任务，培养德智体美全面发展的社会主义建设者和接班人"，这是在这个时代、新形势下全党对高等教育问题的又一个重新思考，是对高等教育的正本清源，厘清了人们此前对高等教育的所有错误看法和模糊理解，是对高等教育的重新回归。但高等教育档案怎样围绕着立德树人的根本任务做好建设，仍有待人们进一步探索。

一、"立德树人"的含义

在我国经济社会蓬勃发展，人们的物质生活不断改善，社会文明水平日益提高的背景下，国家明确教育的基本重要任务就是立德树人，是有其深刻含义的，同时也是人们对我国教育的错误认识和做法的一种更正，同时也是对中国思想、文化越来越多样化的情形下人才标准的重要宣示。十八大明确提出的"立德树人"比十七大的"教育为本、品德为首"的内容更为充实，"立德"是对教育工作者和被教育者的一致规定。学校，尤其是高等学校的任务是"树人"，是人才，其余职责应当满足、服务于"树人"这一主体职责、根本任务，而不是舍本逐末。"树人"的前提和标准是"立德"，也就是说，我们培育的人员要有坚定的信念、真诚的爱国主义情感、高尚的思想道德情操、强大的服务意识和优秀的人生价值引导，应当说这是"立德"的内容，"立德"是对"树人"的统一规范和规定，而"树人"的一些准则也是多样的，因阶层、课程专长的差异也有截然不同的准则，但"立德"的基本准则是不变的。唯有将"立德"和"树人"有机统一，全面结合，祖国才会培养出优秀的社会主义建设者和接班人。

二、高校档案在立德树人中的作用

（一）完整保留相关材料，为立德树人的长远发展奠定基础

把立德树人作为教育的根本任务是对教育基本规律的深入理解，是对学校育人目的的正确把握，并非一朝一夕之事，而应该是我国高等教育一直贯彻的一个准则。在我国坚持把立德树人作为高等教育根本任务的进程中，各个院校将会制定相应的教育政策措施，在中长期计划和短期计划中，会产生经典个案、经验，而作为立德树人主体的中小学生在受教育阶段所产生的完整的学校档案，都必须保存下来。在立德树人的推动作用下，学校档案将会有大量的研究工作可做，会产生大批的学校档案材料，馆藏将会极其

丰富。完整保管立德树人的有关材料既是学校档案室的职责所在，也会对各校进一步探索立德树人的发展规律，提升立德树人的品质，实现立德树人的目标有着重要意义。

（二）高校档案为立德树人提供文化支撑

立德树人工作成为我国教育的根本任务，具体实施到全国所有高等院校中，它应该成为高等院校的中心管理工作，而校内其余工作人员也应当遵从和服务于立德树人这一主要任务。不止这样，高等院校还应充分调动和激发所有基本要素，积极全面地进行立德树人管理工作。学校无论是担任教育主渠道的教学管理工作，即授业教育、思想政治教学管理工作，还是承担管理教育学生、服务育人的管理工作，都一定要把立德树人管理工作当成目标和任务。高校立德树人的最主要方面就是历史文化教育，高校是知识分子汇聚的地方，是创新知识文化与传播文明的重要地区，而高校又是社会文明的最高地，历史文化教育的传播和创新又是高校的主要职能所在，而且很多高校建校悠久，底蕴积累丰厚，本来是历史教育的主要资源，而档案又是高校底蕴积累的主要载体，是校园文化建设的主要基础，是历史文化教育的主要财富。

（三）高校档案馆（室）为立德树人计划提供教学基地

真实的历史史料、身边的人物典型最能触动人、影响人、教化人，档案是一个高校发展的历史见证，留存了一个高校建校至今教师全员履行职责、凝心聚力、攻坚克难、探索进取、持续发展的事实材料，留存了在高校发展中产生的令人感动的历史人物和事件，留存了高校历届事业发展的先进事迹，留存了一批优秀学生为报效祖国勤奋学习、不懈奋斗的动人事迹，积淀了一个高校奋起积极向上的优秀传统文化，它们都是高校对学生全面开展素质教育的重要材料。将这部分资料加以整理，撰写校史资料及优秀校友的事迹，并成立校史馆或举办历史档案展览，以成为对高校开展综合性素质教育的主要基地，并在高校立德树人的各项任务中，起到学校教育的重要作用。

三、立德树人根本任务下的高校档案建设

围绕着立德树人的基本目标，做好我国高校档案建设工作，是一项现实而迫切的问题，对于我国高等教育事业的发展以及档案事业的发展，都有着实际和深刻的含义。我们应该着眼以下方面做好高校档案建设。

（一）根据高校立德树人目标协调高校档案建设工作

素质教育的主要目的就是培养，也是为了立德树人。高校档案建设必须要服务于这一目标，并围绕这一重要目标实施管理工作。高等学校应当建立由领导干部主持的档案建设领导组织，制订档案建设的长期计划，明确发展目标，出台档案建设的优惠政策，形成顺畅有效的协调机制，并确定档案资料的重点收集范围。除高校层面的政策措施之外，二级学科单位在立德树人方面所做出的具体措施、典型经验，以及老师和管理者在学校培训中所提供的具有推广价值的教育培养方案等，均将纳入教育档案信息系统的收录范畴。学生作为校园育人活动的主体，是高校立德树人情况的真实反映者，要加强对学生档案资料的搜集工作，除学生在校阶段的学业情况、平时成绩与奖励情况之外，学校学生参与的社团和社会公益情况，学生进行的社会实践和社会研究情况，学生志愿服务状况，以及在读书过程中所撰写和出版的小说、学术论文、发明与创造等，均应当纳入学生档案的搜集范畴。此外，对部分高校优秀毕业生在进入社会工作后的情况应当跟踪关注，有价值的材料也应当搜集。只有通过将教师与学生的档案资料整体汇集，建立丰富的教育信息库，才会为探究立德树人的基本规律提供更有价值的资源基础。

（二）为立德树人工作的持续开展提供理论保障

"把立德树人作为教育的根本任务"是一个简单朴素的说法，但实际上包含了更丰富的含义，是对中国高等教育，尤其是高等学校的全面要求，必须将中央的政策规定落到实处，对高等教育工作要下很大力气长期坚持，要开展艰辛的研究，广泛的调研，积极的实验，并在实践中形成丰富的经验，凝练思想，提升理论知识。各个院校将在立德树人工作实施过程中所产生的大批资料当作档案保留了一下，这就为总结经验、探讨理

论知识创造了很好的教育素材，高校也应该组建专门力量，加强对档案材料的梳理与编研，在教学实践中提炼出立德树人的成功经验，从而做好对立德树人工作的理论指导，进一步提升立德树人的管理水平，为国家和社会培育更多有坚定的政治信仰、高远志向，崇高人格情操、较高学科技术水平和较强专业能力的人才。

（三）加强高校档案教育基地建设

高校档案记录了一个高校的发展历程，凝聚了高等院校的办学宗旨与精神追求，也体现了高等院校的文化气质，是政府对学校实施高等教育政策的优质资源。学校应该全面关注档案建设，并予以必要的财政、物质和人才保障，条件许可的学校应当建立档案室，做好对文件的整理与保存，并不定期地举办文件作品展览，将高校档案室作为立德树人的重点教育基地。为了发挥档案的教育基地功能，我们可采取以下几种办法，运用多种手段：

一是接受学生到档案室学习，并参加对档案的整理、检索等工作；二是在校生中招募志愿者，尤其是对档案与史学有浓厚兴趣以及具备相应知识水平的学生加入档案编研，以配合国家开展档案数字化建设工程；三是让在校生参加对档案室、校史室的管理与指导。开展上述活动，可以让中小学生接受爱国思想教育，激励中小学生的爱国荣校情感。同时，利用档案让学生认识校园创业的艰难、历程的曲折、事业的光荣，以及校园中历代同学的贡献等，以增强学生对校园的认同感、自豪感，培养学生的思想境界和品德情操，启迪学生的开拓精神，培养其完善性格；培养学生的实验能力和动手能力，丰富其知识，培养其综合素养，以培育复合型人才。

（四）强化高校档案文明建设

归档文化，是指归档自身所积累的历史文化底蕴以及因从事档案管理与归档服务等事业而产生的社会文化底蕴。由于我校档案工作在立德树人中有着很重要的地位，因此建立优秀的校园归档文化建设也就十分关键了。一是要搞好高校归档材料的征集、整合、运用等管理工作，在前提条件许可的情形下，进一步完善档案编研，在丰富多彩的归档材料中挖掘出先进典型、形成先进文化建设，以调动高校归档人员和全校师生的管理工作与学习动力。二是强化对档案保管单位员工的社会主义核心价值观教育，在档案保管团队中养成勤勉敬业、忘我献身、扎扎实实管理工作、乐于服务社会的良好企业文化。三是让大家产生了解档案、认识档案、维护档案的意识、理念，将档案管理工作作为国家、民族、社区和学校积累的宝贵精神财富，作为个人成长和终生为之做出贡献的伟大实践。四是在整个校园乃至全社会中培养起重视档案收集，关注档案运用，充分敬畏档案工作者的良好文明风尚。唯有树立起优秀的档案文化，才会更加有利于档案建设，从而实现档案建设的良性循环。所以学校不但要树立优秀的档案文化，而且让这种优秀文化无处不在，使学生在课堂中无时无刻不体验着这些先进文化，并时时刻刻处于这些先进文化之中，并从中受到滋养，以提高学生自身的生活品质、境界，从而启发心灵，净化灵魂。

（五）加强档案数字化建设

充分利用中小学生喜爱网络的特性，通过建立档案网络，编写档案检索目录，设置档案数据库和查询工具，便于教师快速、有效地检索、存取档案。网络时代的今天，广大青少年学子无时无刻不身处互联网当中，各类资讯扑面而来，在庞杂纷乱的资讯中，更能以最客观、切实用的档案资讯提供给学校，在价值丰富的文化中，更能以最先进的档案文化影响着学校，为学子成才注入正能量，并让学校档案系统真正起到在学校立德树人的特殊功能。

综上所述，将立德树人作为教育的基本任务是高等教育的根本需要，是新时代的召唤，是我们必须一直坚守的一个重大战略决定，也是实现中华民族伟大复兴中国梦的一个强大的助推工程，在立德树人这个伟大事业中，高等教育档案应当加强建设力度，全面满足这一任务的根本需要，全面发挥好教育功能。

参 考 文 献

[1] 张立. 近十年来我国信息素养教育研究论文现状分析[J]. 图书馆工作与研究, 2014 (1): 63-66.

[2] 王友富. 普及大学生信息素养教育, 提振图书馆学学科地位[J]. 大学图书馆学报, 2014 (2): 68-71.

[3] 李园园. 基于用户需求的高校图书馆信息素养教育实践研究[J]. 图书馆建设, 2014 (8): 56-59.

[4] 高协. 面向创新的信息素养教育规划与实践——以上海交通大学图书馆为例[J]. 图书情报工作, 2013 (2): 10-14.

[5] 田芳. 国内信息素养教育创新与实践[J]. 高校图书馆工作, 2012 (5): 77-79.

[6] 董岳珂. 发现系统引发的关于信息素养教育的思考[J]. 图书馆论坛, 2014 (4): 58-63.

[7] 张梅, 黄晓鹏. 基于 Blackboard 平台的协作学习在信息素质教育的实证研究[J]. 新世纪图书馆, 2013 (2): 77-79.

[8] 叶小娇. 高校信息素养教育微课平台的构建研究[J]. 国家图书馆学刊, 2014 (4): 70-74.

[9] 沙玉萍. 高校图书馆微视频服务研究: 兼论信息素养教育微视频案例库[J]. 图书情报工作, 2015 (15): 68-72.

[10] 赵飞, 艾春艳. 高校信息素养教育与 MOOC 的有机结合[J]. 图书情报工作, 2015 (12): 52-58.

[11] 黄如花. 国内外信息素养类 MOOC 的调查与分析[J]. 图书与情报, 2014（6): 1-7.

[12] 潘燕桃, 廖昀赟. 大学生信息素养教育的"慕课"化趋势[J]. 大学图书馆学报, 2014 (4): 21-27.

[13] 苏云. 高校信息素养教育游戏化策略[J]. 图书情报工作, 2014 (8): 53-58.

[14] 明娟. 高校信息素养教育游戏模式的探讨[J]. 现代情报, 2013 (7): 147-150.

[15] 张垒. 游戏嵌入信息素养教育机制研究[J]. 图书馆学研究, 2013 (19): 10-13.

[16] 张必兰. 信息素养教育的嵌入式教学研究[J]. 现代情报, 2015 (10): 147-150.

[17] 曹娜. 从信息检索技术的纳入谈高职课程体系的整体优化[J]. 中国成人教育, 2013 (5): 144-145.

[18] 张瑞红. 高校信息素养教育的探讨[J]. 教育探索, 2013 (8): 100-101.

[19] 周云, 金中仁. 构建高职学生毕业设计（论文）信息素养教育体系的探索[J]. 中国职业技术教育, 2010 (11): 9-12.

[20] 曹娜. 高职院校信息素养教育实施策略研究[J]. 成人教育, 2011 (12): 72-73.

[21] 翟莹昕, 刘晓峰. 全媒体时代嵌入式高校信息素养教育模式探析[J]. 教育与职业, 2013 (35): 76-177.

[22] 云霞. 高校信息素养教育"云服务"平台构建[J]. 现代教育技术, 2013 (5): 108-112.

[23] 孙西朝. 基于新课程标准的教师信息素养教育探讨[J]. 现代教育技术, 2010 (S1): 77-79.